一本书学会

人情世故

夏永为 著

哈尔滨出版社
HARBIN PUBLISHING HOUSE

图书在版编目（CIP）数据

一本书学会人情世故 / 夏永为著. —哈尔滨：哈尔滨出版社，2010.8（2023.10重印）
ISBN 978-7-5484-0174-2

I. ①一… II. ①夏… III. ①人际关系学—通俗读物 IV. ①C912.1-49

中国版本图书馆 CIP 数据核字（2010）第092961号

书　　名：一本书学会人情世故
YI BEN SHU XUEHUI RENQING-SHIGU

作　　者：夏永为　著
责任编辑：李维娜
版式设计：张文艺
封面设计：末末美书

出版发行：哈尔滨出版社（Harbin Publishing House）
社　　址：哈尔滨市香坊区泰山路82-9号　邮编：150090
经　　销：全国新华书店
印　　刷：天津市新科印刷有限公司
网　　址：www.hrbcbs.com
E-mail：hrbcbs@yeah.net
编辑版权热线：(0451)87900271　87900272
销售热线：(0451)87900202　87900203

开　　本：787mm×1092mm　1/16　印张：15　字数：200千字
版　　次：2010年8月第1版
印　　次：2023年10月第2次印刷
书　　号：ISBN 978-7-5484-0174-2
定　　价：49.00元

凡购本社图书发现印装错误，请与本社印制部联系调换。
服务热线：(0451)87900279

▶▶ 序言……………
学会人情世故其实不难

现在中国人最喜欢研究的一个问题就是谋略。在现实生活中，我们每个人都一直不断地在使用各种各样、不同程度的谋略和技巧，要不然就没办法在社会上生存。不管在日常生活中，还是职场里，只要我们想不被适者生存的潜规则淘汰，就不得不使用待人接物的社交技巧。

人生在世，难免有吃亏、受气或者遭遇其他不顺心的事儿的时候。每一次被人家算计后，你不由得开始怀疑自己的能力，恨自己没用。而事实上，你的素质并不比任何人差，你只是不知道如何使用跟别人打交道的技巧！大人物不知道权变，就不能领导人民群众；小人物不知道权变，就只好被人欺负。

实际上，很多情况下，我们不招人喜欢、拿别人没办法，并不是因为意志薄弱，甚至不是因为缺乏跟对方竞争的实力，而是真不知道怎么应付对方才好。

如果你看了摆在面前的这本书，问题就大有希望解决了。这本书将向你揭示社交中的一些潜在的秘密原理，引导你掌握一些待人接物的技巧，使你可以在面对社交疑难问题时，能做到心中有数、拆解有招！

　　设想一下，在与人交往时，要是你能像诸葛亮似的准确预测对方的反应，并且对每一种反应都知道如何应付，甚至事先下好了套等对方钻，这世上还有什么事你摆不平吗？在本质上，我们这本书写作的目的，就是要帮你获得这样的一种能力，讲清楚社会上所有可能出现的一般疑难问题的前因后果、应对技巧，让你做到有备无患、心中有数。

　　人们常说"知识改变命运"，实际上科学知识如果不转变成具体的技术能力，那么根本就无益于实际的生产生活。同样，心理学、管理学、社交学的知识，如果不转变成具体的技巧，也无益于人们的实际社交。阿基米德曾说，给我一个支点，我可以撬起整个地球。社交技巧之于人际关系，就相当于阿基米德的支点之于地球。有了这个支点，你就可以"撬起整个地球"，在人生的战场上纵横驰骋、所向披靡！

　　出于这一考虑，我们这本书，主要侧重于技巧的归纳，帮大家解决一些常见的社交难题，侧重实际的应用，除非必要，绝不讨论虚伪的深奥理论。

　　一旦学会并能灵活运用本书所提供的社交技巧，你会渐渐开始产生一种天地豁然开朗的感觉，对生活越来越满意，对自己也越来越有信心。这是因为我们平时的大多数烦恼和抑郁情绪都产生于跟人打交道时无法应付挑战的挫折感。而一旦你掌握了这些技巧，世界的大门就朝你敞开了，你意识到

序言

学会人情事故其实不难

自己有手段、有力量应付生活的挑战，就会对自己的前途充满信心。

这种积极的自我评价，反过来还能提升你的人生境界，帮助你实现人生梦想。谁愿意做一个生活浪潮中的失败者呢？赢得自由生活的空间——帮助你牢牢地把握住自己的命运，乘风破浪、披荆斩棘，成为命运的主宰、生活的弄潮儿！这就是这本书撰写的终极目的。

做一个有头脑、有办法的精明人！

做一个有技巧、有力量的成功者！

与成功同行，从阅读本书开始！

目录

第一章
与人言谈的人情世故：
一切从互相信任开始

1. 想化敌为友吗？一句话就行 002
2. 这样才能让别人说出有用的信息 008
3. 好意见是这么从别人嘴里掏出的 010
4. 怎么批评人才能让他乐呵呵接受 013
5. 让别人感觉他们赢了，你才能成为赢家 017
6. 用说好消息的方法说出坏消息 020
7. 完美推卸掉自己做错事的责任 025
8. 借东西的学问 032
9. 让对方痛痛快快回电话 035

第二章
行为举止的人情世故：
你也能成为"万人迷"

1. 让陌生人对你一见倾情 040
2. 初次印象很关键 049
3. 就这样抬高你的身价 054
4. 用平常心对待一切 057
5. 你也能收获恋爱"大满贯" 060
6. 把爱留在身边很容易 066
7. 人人都有小秘密 074

目录
CONTENTS

第三章
人际交往的人情世故：
只有双赢才能合作长久

1. 让人和你共进退 082
2. 从别人的角度考虑问题 088
3. 赢得为你两肋插刀的朋友 092
4. 与倔脾气的人合作的方法 097
5. 如何得到对方的帮助 105
6. 将别人团结在自己周围 112
7. 成为大人物身边的红人 114
8. 忠义永远都是最好的招牌 118
9. 花小钱和同事搞大关系 128
10. 让同事不计报酬为你做事 134
11. 在职场中人际关系是决定因素 137
12. 做个人见人服的领导 140
13. 团结一致做好工作 146

第四章
对待骗术的人情世故：
看透世态人心不再受骗

1. 实践是检验真假朋友的唯一标准 150
2. 前后堵截让撒谎大王无处遁形 153
3. 所有骗子都是纸老虎 155
4. 多模式防止被人利用 158
5. 一眼看出谁是骗子 160
6. 这样验证对方是否值得怀疑 164

7. 诱导人们说出自己的真实想法 166

第五章
免受伤害的人情世故：
与坏人坏事斗智斗勇

1. 人进我退等待时机再出手 170
2. 将他人的嫉妒扼杀在摇篮之中 174
3. 双管齐下制止谣言传播 177
4. 用大度化解敌意 179
5. 对付别人的恶意刁难要多措并举 186
6. 永远与小人保持距离 191
7. 把对方的恶意化解在还未开始之时 194
8. 压制暴力为己用 196
9. 宿敌也可以化敌为友 200

第六章
其他方面的人情世故：
在竞争和冲突中百战百胜

1. 一记妙招在竞争中百战百胜 206
2. 事情伸缩自如，皆由你控制 212
3. 嘴上功夫显神威 215
4. 强硬打击对方软肋 221
5. 致命一击使少数派变多数派 227

▶▶第一章

与人言谈的人情世故：
一切从互相信任开始

多十个朋友，未必就能飞黄腾达；多一个敌人，却肯定会寝食不安。要是我们想让自己的小日子过得更舒服点、应付日常的各种俗事更容易些，那本章将要介绍的技巧就不容错过。

1. 想化敌为友吗？
一句话就行············

从公安大学毕业不久的刑警小宋，最近按照上司刑警队陈队长的要求去某村调查一起案件，小宋遇上了麻烦。该村前不久曾发生过一起部分村民跟前来解救被拐卖妇女的警方人员的对抗冲突事件，后虽公平协商解决，但警民关系很紧张。

小宋在走访中发现，由于群众和自己不熟，纷纷怀疑小宋是来翻旧账的，因此几乎都支支吾吾地语焉不详，不肯配合自己的工作。跑了一个下午，小宋只搜集到少量没有任何价值的情报，眼看没有什么成果，只好灰溜溜地开车回到警队，向陈队长诉苦。

陈队长听了小宋汇报的情况后说："这样吧，明天等我有时间了，我跟你一起去看看。"

结果第二天，小宋在陈队长的带领下，顺利地走访了大量该村群众。而且大多数村民都很配合警方的工作，和小宋单独前往时的情况有天壤之别。在村民的帮助下，他们获得了一条侦破案件的重要线索，此后不久就顺利地逮捕了犯罪嫌疑人。

陈队长究竟有什么样的锦囊妙计，可以迅速安抚住多疑的村民，以争取到他们的信任，帮助自己开展工作呢？在现实生活和工作中，我们经常需要面对一些类似的问题——如果你想从某些人那里了解情况，首先必须

与人言谈的 人情事故

一切从互相信任开始

赢得对方的信任。接下来，我们结合陈队长的例子，解析一下具体的技巧。

>>> 告诉对方一些秘密，以换取对方的信任

学者认为：比起人的外部行为来，人的自我认知对人的信念有更强的影响力。在利用外部行为改变交往对象看法不现实的情况下，可以利用人的心理的这一特点，用改变影响对方自我认知的方法，改变对方的某些信念，从而轻而易举地赢得对方的信任。

根据这一理论，如果你的交际对象是一个嘴不太严的人，你就可以在一定范围内、以不招致任何人的反感为前提，告诉对方一个秘密或任何个人的事，以表现自己对对方的信任。不过在做这件事的时候，不可太主动，必须设法给对方造成一种你的泄密是对方争取的结果的效果。要不然人家就有可能把你当成是嘴没把门的、跟谁都喜欢乱说的傻瓜。如果对方意识到你对他的信任，他就更倾向于信任你。这绝不是出于讨好的目的，而是一种投桃报李的自然反应。

当日，陈队长领着小宋，遇见第一个在村头闲坐的农民时，采用的就是这一技巧。陈队长先跟村民寒暄了几句，自然过渡到双方都很关注的警民冲突事件，然后把一些村民很关心、同时不可能了解的警方内部的处理内幕告诉了对方。

村民由于好奇，不免话越说越多，同时觉得这警察连自己的家底都肯告诉自己，也是一个实在人，对陈队长戒心顿消。陈队长于是就与这个村民建立起某种程度的信任关系。俩人越唠越近乎，村民渐渐管不住自己的嘴巴，也把村里的很多事情——包括陈队长和小宋想了解的情况，知无不言地告诉了陈队长。小宋在旁边不时插言，不等陈队长使眼色，已经掏出记录本，刷刷地记了起来。

一般而言，你告诉了人家一些你的秘密，这不一定就能使对方在心理

上变得跟你立刻亲近起来，但是对方心理上会产生一种回应你的冲动，不把自己的某些事情告诉你，心里就总觉得不平衡。这样一来，他就不得不跟你坦诚相见，暂时把心机、权术一类的东西抛之脑后。

在这一瞬间对方的心理会发生很微妙的变化。一旦对方把某一件事情告诉你了，立刻就会变得比此前没告诉你的时候更加信任你。对方告诉你的事情越多，就越会觉得你靠得住。一旦开头，对方就会越来越控制不住形势，忍不住把更多的秘密交给你的大脑保管。

人们一旦跟你分享了某些秘密，就会变得更加信任你。这一无意识的心理过程存在这样的心理逻辑："我为啥告诉他这么多事儿啊？信任他呗。"反之，如果对方觉得自己告诉你很多事情，还不信任你，就会迅速陷入心理冲突之中——对方当然不肯承认自己是一个傻瓜。为了达到行为、心理的和谐统一，他必须化解不信任你、还跟你说了很多秘密这一矛盾，必须变成真正信任你。

〉〉〉与对方讨论不易引起猜忌的话题

陈队长一行遇到的第二个村民，是一个嘴巴比较严的人。陈队长意识到对方的戒备心很强，前面的策略不好使，就使用了跟对方闲扯这一技巧。

这个技巧的具体内容是，如果你的交往对象是一个嘴巴很严的人，从来不随便说任何有可能引起争议的话，那么你可以跟对方讨论一些神秘新奇事物，比如神仙鬼怪、外星人、试管婴儿等，征求对方对这些事物的看法。

对方多半会说，自己没考虑过这类事情，反正跟自己没啥关系。在某种程度上这就算是对方已经向你敞开心扉了，因为对方说的绝对是实话：对方刚刚把自己的脾气秉性告诉了你，人家是一个很现实、不关心神秘新奇事物的人士。

一切从互相信任开始

对方也有可能会谈一谈自己的观点,而且不会在谈论这种问题时进行很严密的心理设防,因为这种话题跟我们的切身利益没有直接的关系。

如果你能成功地跟对方进行上述交流,在一定程度上,你们之间就已经建立起一种更密切的关系,对方也开始不由自主地对你信任起来。

以第二个村民为例,虽然他开始时并不信任陈队长,但只要他开口跟陈队长交流自己的观点,就意味着已经开始跟陈队长分享秘密;这个语言阀门一旦打开,接下去就往往是不设防的区域了。

神秘新奇事物这类话题能让对方放心,是因为这种嘴巴严的人,在待人接物时往往会习惯性地这么思考:"这事儿对我有什么不利?要是乱说话会不会把自己搭进去呢?"结果分析下来,发现神鬼之类的家伙多半是子虚乌有,跟自己八竿子打不着,不可能对自己构成威胁。于是胆子大起来,觉得乱说几句其实也无妨。

对方阐述了自己的观点后,你注意不要跟人家争论,因为要是对方发现你们之间"恰好"在这个问题上有一致的观感,你们的心理联系就会进一步密切起来。

>>> 诱导对方发泄自己的情绪,谁都有说走嘴的时候

除了上面的两种方法,你也可以通过诱导对方发泄情绪的方式,增强对方跟你沟通的心理需要。陈队长跟村民交流所使用的第三个赢得信任的技巧,就是这个套路。具体做法就是跟村民唠家常,诱导对方发泄对社会、生活以及个别人的情绪。只要对方愿意跟你唠叨,就意味着已经开始信任你了。根据陈队长后来跟小宋的说法,这个技巧也是有一定的理论基础的,并非凭空捏造。

一些研究者曾经做过一个实验:在实验中,受试者被分成三组,分别扮演被恐怖分子劫持的人质,参与军事演习。第一组被要求注意观察事件发生的环境;第二组被要求注意体验自己的情感心理反应;第三组则没有

任何要求。结果发现，在高度紧张的演习过程中，第二组的受试者要求进行情感交流并寻求营救的愿望是最强烈的。

　　这个实验可以解释女性比男性更喜欢进行情感交流的原因，女性常常抱怨自己的男朋友或丈夫跟自己交流得太少、不关心自己，而男性却经常抱怨女人废话太多。这是因为男性更专注于事物，而女性则更关注情感的缘故。

　　假如你能成功地诱使对方发泄自己的情绪，那对方就会无意识地被逼上寻求你的帮助，与你进行情感交流、秘密分享的路上来。要做到这一点其实也很简单，就是要跟对方讨论对方的日常生活状况，唠点家常，闲谈点对大众民生、社会风气甚至国家大政方针的感受，而不要过于功利地直奔自己最想知道的实际主题，就事论事。

　　谈天说地并不犯毛病，因为老百姓就喜欢做这件事。愿意跟别人一起唠家常，本身就代表了一种亲近的感受。任何人在生活中都难免会遇到一些不顺心想跟人唠叨，或希望吹嘘炫耀一把的事情，只要你过渡、诱导合理，不引起对方的戒心和反感，对方多半会乐意跟你唠这些事情的。等到后来说顺嘴了，建立起信任感了，就有可能跟你无话不谈了。

　　但需要记住的是，跟对方讨论对当前生活的感受时，不要对具体细节追问得过于仔细。要给对方造成一种印象：你这么问，不是出于别有用心而是出于关心。过于执着的态度，有可能导致对方产生你只是对事情而不是对人有兴趣的印象。

>>> 向对方预支好处，以交换想要的情报

　　想赢得广大人民群众的信任，以便进一步从人家那里获得信息，你还可以在适当的时候，预先答应给点好处与对方等价交换信息。心理战术是挺好使的，不过也并不总是有效，有时来点实际的回馈更能打动人心。如果对方麻烦缠身，你就可以告诉对方你愿意尽自己所能地帮助对方。既从

一切从互相信任开始

情感上拉拢，又从现实中给予实际的好处，对方想不对你敞开心扉都难啊。

陈队长在某村使用了这样的技巧。每逢遇见村民，他经常顺口漫不经心说出这样一句话："这就算认识了，以后公安这片儿有事就去刑警队找我，好使！"相对于警方，个体的村民处于弱势，而谁也不敢说将来一定不会遇上意外，永远不需要跟警方打交道。多一个朋友多一条路，大家都希望有个熟人在警队里方便办事。在作为刑警队长的陈队长主动大包大揽的情况下，村民自然乐意顺水推舟地认下这门"干亲戚"。既然双方都是亲戚了，陈队长要点情报，有啥不可。

>>> 说明自己无意评判对方的立场，打消对方的畏惧指责心理

在有些情况下，对方做过一些亏心事，是对你敞开心扉吐露真言的最后一道障碍，因为担心你对他们的看法。在这种情况下，要想赢得对方的信任，首先需要打消对方对你的疑虑。得让对方明白你并没有担当道德良心审判员的企图，而且对方的所作所为也不算什么，犯不上后悔或不好意思。很多人都做过同样的事情，而且更过分。同时，你也可以把自己的一些糗事跟对方适当地暴露一下，进一步拉近双方的心理距离。

这种情况在曾经发生过警民冲突的某村，体现得特别明显。有些村民过去跟警方有过冲突，或就算自己没有牵涉进去，还有可能有亲戚、街坊牵涉进去，所以很担心一不小心说错话，给自己或别人造成麻烦。部分村民正是基于类似的心理，不乐意配合警方。

针对这种心理，陈队长在跟村民聊天的过程中，主动向村民通告了警方对于警民冲突事件的自我反省，跟大家讲明那件事已经告一段落，并说清此行的来意，很快有力地消除了村民的顾虑。

2. 这样才能让别人说出有用的信息

有时向别人打听事情，可对方却模棱两可地糊弄你。你虽然得到了答复，但是却没得到任何有用的信息。这种情况，我们每个人都遇见过。接下来我们要研究的这个技巧就是专门帮你应付这种情况的，可以保证让那些含糊应付你的人，像竹筒倒豆子一般，把所有真话毫无保留地告诉你。

>>> 提出明确的问题，才能得到明确的答案

首先，让我们看以下两个例子，研究一下怎样才能从含糊的信息中提炼出准确的信息来。某公司开完产品发布会，员工小苏跟凯丽说："我觉得今天这会没开好。"凯丽问："你咋有这种印象呢？""我也不知道，总的来说效果还不错！"凯丽想知道小苏对会议的看法，小苏却给她来个讳莫如深。

如果凯丽换一种问法，情况可能就大不一样了。如果小苏说："我觉得今天这会开得没啥意思。"凯丽这样问他："也许会有客户感兴趣吧？"或者"有人说什么了吗，还是你自己的感觉？"小苏就不得不说点什么了。

要是我们想得到明确的答案，首先必须问得明确，这样对方回答的时候就没法含含糊糊了。

>>> 提出指导性的问题，帮对方搞清楚思路

雪洁即将大学毕业，男朋友荣哲告诉她一家银行招考职员的信息，要她赶紧去报名。雪洁看了看招聘信息，却一点也提不起兴趣来："我估计我

一切从互相信任开始

去也是白去。"

"你是怎么想的呢？你确定去也是白去吗？"

雪洁没好气地回答："我就是不知道！不可以吗？"

如果荣哲换个方式和雪洁交流，他可以说："你觉得你哪方面不行呢"或者"你感觉哪些方面不符合人家的条件"，情况可能就会好一些。雪洁也不得不具体地回答荣哲的问题，荣哲也就可以相应地在某些方面给她鼓励，或者帮她出谋划策。

人们在说话时，常常脱口而出，有时自己也不完全清楚自己的想法。如果你在提问时能有相对具体的指向，必然可以帮助对方理清思路，这样，对方当然也可以相应地给你一个更明确的答复。

人们都不喜欢被别人诘难，因此当你问对方的想法和感觉时，人们经常倾向于用"我不知道"来答复你。因为这是停止追问的最快最省力的办法，你要想知道为什么就自己去思考吧。当凯丽采用笨拙的方式问小苏"你怎么有这种印象呢"的时候，小苏会不由自主地说"我也不知道"，这在某种程度上只是他在下意识地作自我保护。在接下去的谈话中，要是凯丽可以使用下面这些问话方式，她就有可能得到完全不同的答案。比如她可以这样诱导小苏说：

"是吗？那你不跟我说说你为啥会有这种想法吗？"

"我知道你不知道，不过要是我非让你说呢，你觉得这种会议怎么才能开的效果更好一点呢？"

"不可能完全一棒子打倒吧？总得有一星半点的好地方吧，你说呢？"

"以前遇见过类似的糟糕情况吗？"

"那你从感觉的角度来评价一下今天的会吧，可以吗？"

"不知道？你总得给我个不好的理由吧？哪怕就一个也好。"

"你能否用一个字来描绘一下你对会议的感受呢？"

在上面这些问话中，凯丽没有进一步给小苏施加压力。她承认让小苏把事情说明白有一定的难度。所以她改变了话题，要小苏说点别的事情。

而实际上她的新问题却指向最初的问题，只不过是把谈话引向了更具体的方面。

说"我不知道"也可能意味着说话的人为自己的过错或愚蠢感到羞愧或紧张。用上面的表达方式，也可以减轻对方的心理压力。这种表达方式有效力的原因就在于，使被问到的人不必再担心说了实话以后面临被审判的风险，不必再担心自己的过错，反正也不是故意的；不必再对自己的行为负责，反正自己也不想那样，自己也不知道究竟是怎么一回事。当凯丽像上面这样与小苏说话时，潜台词是这样的："我知道你不知道今天的会怎么会开成那样，但有些情况你也没办法控制，你觉得这方面的因素有哪些呢？"

3. 好意见是这么从别人嘴里掏出的

据说，有些人征求别人意见时，往往已经心里有数，只不过宁愿现实是另外一种模样，所以才做出礼贤下士的样子问别人，其实只是抱着试试看的态度，幻想别人能帮自己开出一条新路来。还有一种情况是，问别人原因只是想让别人肯定自己的想法正确。假如用这样两种态度去征求他人的意见，说得不客气的话，就是逗人家玩，必然没办法从他人的建议里获得有益的帮助。要是你真想从别人那里得到什么有用的东西，首先必须有开阔的胸襟，做到虚怀若谷才行。

因此，征求他人的意见，除了态度诚恳之外，还需要掌握一些微妙的技巧。

一切从互相信任开始

>>> 不跟身边的人问主意，避免同类相残的嫉妒心理

第一个技巧是注意不要跟自己身边的人征求意见。比如说：你现在在一家环境很差的工厂上班。此时的你想辞掉工作去上学充电，如果问同事，对方会如何回答呢？他们肯定会或多或少地嫉妒你的想法，并且多半会觉得你的想法太不切合实际。这时，你同事的逻辑是这样的：如果继续求学是更好的选择的话，为什么他们不那么做呢？所以继续求学必须是没啥好处的，不仅适用于他们自身，也适用于你。当然，也不是说你的所有同事都会按照这个逻辑思维，可一般情况下，你是不能从他们那里得到有建设性的建议的。

>>> 避免与亲朋好友商量事，以免关心则乱

第二个技巧是不要向那些会因为我们的决定而遭受某种损失的人询问。征求意见的对象，越置身事外，我们越可能得到最有价值的建议。很多人遇事喜欢和朋友、家人商量，但他们都因为和你有密切的关系，本能地关心你的所作所为的产出和后果。这不是说他们不想你好，但是他们的判断会受到情感因素的影响，他们也可能将自己的喜好强加于你，而顾及不到你的个人感受。

实际上，我们经常无法从他人那里得到明智建议的原因就在于，难以找到那些始终在心里关心我们的最大利益、一点也不嫉妒、一点也不自以为是的人给我们出主意。

>>> 广开言路作为参考，尽可能多地征求意见

第三个技巧是尽可能地征求不同人的意见。不管是打听道儿的小事还是咨询人生的大问题，都要尽可能多地咨询立场不同的人的意见。因为这

将会极大地开阔你的视野。你问的人越多，视野就越开阔。多吸取不同的人的意见，你就有可能实现个人利益的最大化。

不过有时候你征求意见问的人也不能太多。比如一些问题所面临的选择无非就是两种：正确或者错误。你唯一不能确定的只是到底哪个是正确的。在这种情况下，你找一个能够比较客观地对待问题，而且对同类事情有经验的人请教就可以了。这个人应该知道问题的具体情况，并能有效地对你进行指导。

为什么不可以多请教几个人呢？原因在于，人都是习惯性地从自己的角度出发看问题，大家各有说辞，你只会越听越糊涂。掌握真相的、能给你提供对你最有好处的意见的人，往往是某个亲身经历过同类事件的人。

>>> 态度真诚坦率，求教于人就要相信人

在具体跟人家征求意见时，你可以直接这样说开场白："我想跟你请教点事情。"一般来说，人类在本性上都是好为人师的，因为这样可以证明自己比别人优越。征求意见时，没必要扭扭捏捏地说话，因为最直接的求助就是调动对方积极帮助你的方式。

在要求对方表态前，还要把自己的想法告诉对方。这么做除了可以让对方了解到你的具体思考过程，还可以在某种程度上检验对方意见的可靠性。假如对方不等你说完，就忙三火四地打断你的话，那很可能意味着，这个人只有兴趣对你指手画脚，而并不真正关心你的福祉。

与人言谈的人情事故

一切从互相信任开始

4. 怎么批评人才能让他乐呵呵接受

批评别人的确不是一件好玩的事情，没有人喜欢被别人批评，批评人很可能一不小心就得罪人。可有时候，我们就是那么无奈，还非得批评人不可。有些情况，是不能靠装傻充愣混过去的。此时光批评还不够，还必须能批评出问题来，要有强烈的针对性。在这种情况下，我们便可以使用下文中提到的技巧，避免伤害被批评者的自尊心，避免使人家感到尴尬，以达到既教育同志又不破坏团结的目的。

既批评人，又不得罪人，核心要素是考虑对方的自尊心。挨批评的人，在心理层次受伤害，本质上就是自尊心受到了伤害。一般来说，每个人在心里对自己都有一个自我定位。如果他人给予一个人的评价、尊重程度，低于此人的自我定位，那么这个人的自尊心就会受到伤害。正像一个人自以为拥有美国总统一般的才智、权力和地位，你却仅仅拿他当小国的元首来尊重，对方必然会感到气愤。我们日常生活中的很多人际纠纷，本质上并没啥实际的利害冲突，起因都是自尊心受伤害。

自尊心是很容易受到伤害的，因为人往往倾向于高估自己，低估他人。人们对自己的评价和他人对自己的评价多半不一样。

从某种意义上来说，别人的批评与自己的自尊心之间有着本质上的冲突：因为批评一个人经常是对对方的个性、能力、言行作出较低水平的评价。要想尽可能地避免在批评时伤害到对方的自尊心，最好的方法就是尽量把批评的矛头指向非人的事物，或个人人格中次要的因素，同时尽可能地避免对对方进行整体性的抨击。

批评的方式有对有错，能否注意到照顾被批评者的自我意识，效果是大不相同的。你肯定有过这样的经验：有时候被人狠狠地批评了却呵呵地傻笑；有时候别人只是轻轻地说了你两句你就暴跳如雷。同样是批评，为什么会造成这样的区别呢？原因就在于对方的批评有没有伤及你的自我意识。具体来说，批评什么、怎么批评、在哪批评、啥时候批评，都和批评的效果息息相关，一点也马虎不得。

批评的时候，要是你能照顾到以下八个细节，你就可以达到照顾对方的自尊心，既批评了别人又不冒犯他们的目的。

〉〉〉尽可能过后批评，以减轻对方的心理压力

首先，也是最重要的。我们要做到批评时注意不伤害被批评者的自尊心，就要选择恰当的批评时机。尽量避免在对方出现问题后立刻就开始批评人，而要等事情结束了以后再找机会批评对方。比如，小苏是一个嗜酒如命的人。他的一个朋友多次劝他戒酒或少喝一点，但从没在架着他的胳膊、扶着他回家的路上批评过他。第二天，小苏酒醒后，这个朋友才开始批评，此时的小苏就能诚恳接受。

从上面的例子可以看出，事后批评很有好处，因为这种做法不会给对方造成过大的心理压力和抵触情绪。当时就批评说明你很重视对方的问题，虽然你可以在口头上安抚对方说那根本不算啥大事，但对方照样会很敏感。

等过一段时间你再给人家"上课"，对方便会有一种置身事外、与己无关的感觉，从而不会被伤害到自尊心，更容易接受你的批评。总之，批评的时间离问题产生的时间越近，对方越容易把批评和自己联系起来、越容易摆出一副保家卫国的强硬姿态来。

一切从互相信任开始

>>> 从善意的角度阐释批评：批评对方是为了对方好

同样批评的话，从不同的人嘴里说出来时，被批评者的感受和反应是绝对不同的。原因就在于：被批评者不可能怀疑亲人或朋友的用意，但是却会怀疑与己无关的人在蓄意贬低、伤害自己。当批评同敌意联系起来时，注定要遭遇强烈的反弹。

即使你跟被批评的对象之间，没有敏感的关系，也会不同程度地存在这种问题。为了避免这一点，你可以直接告诉对方，你批评对方，是为了对方好，是对对方负责。当然，具体说的时候，也得注意表达方式。

>>> 在私下单独批评，多少给人家留点面子

即使你认为对方的问题不是什么大不了的事情，也应该避开其他人为妙。人有脸，树有皮；打人别打脸，剪枝莫伤皮。当众批评人，对方就不仅要接受你的批评，还必须忍受示众的惩罚。

有时候人们很可能会怀疑你这么做的动机。当他们把你的行为解读成存心让他们难堪时，不管你的批评如何在理，他们也会听不进去。一言不合，反而有可能对你反唇相讥。

>>> 批评前先对对方进行赞美，展现自己客观公允的一面

我们在学校上作文课的时候，都听语文老师讲过"欲扬先抑"这个技巧，就是先批评写作的人或物一番，然后再阐发其优点，这样一起一落，就能为读者留下深刻的印象。不过，在批评人时，我们不能如此做，反而要反其道而行之，也就是先赞美后批评。

这样做，对方会觉得比较有面子，也会认为你比较客观，的确不是存心让自己难堪，很容易接受你的批评，或至少挨说了，也没啥激烈反应。

比如小苏的朋友对小苏说："你知道我看重你的最大原因是什么吗？就是你这个人重感情，讲义气。不过我觉得……"

>>> 批评对方的具体做法，对事不对人

不要随便把人家一棒子打死，要尽可能地避免对道德品质、智商、情商、能力等与自尊心有关的核心人格要素进行负面地直接指斥。批评的时候，要对事不对人，把批评的对象引向具体的待人处世方法。

具体来说，最好能避免跟人家说："你这个人真讨厌，你怎么可以……"之类的话。换用一种更有技巧的方式，比如："你这人其实不错，不过有时候你的某些做法，我的确有不同的意见。"

>>> 替对方找下台的台阶，以免遭遇殊死的抵抗

批评的时候注意不要把对方的行为解释成有意为之或深思熟虑的结果，最聪明的策略就是把对方的行为解释成一时冲动、无心之失或无意识的行为。如果你坚持"诛心之论"，非要上纲上线，把对方的问题解释成有意为之的结果，就等于直接把批评的矛头指向了对方的品质问题。这样一来，问题立刻会变严重，对方为了保卫自己，必然要进行殊死反抗。

>>> 尽可能多作自我批评，化解对方的敌对情绪

小标题的意思并不是把自己摆到跟对方一起挨训的位置，而是要造成一种你和对方立场一致，一起跟错误的人、错误的事、错误的立场作斗争的印象，而不是你试图反对挨批评的人。比如在批评刚才的那个酒鬼小苏时就可以这样消除他的敌意："你现在见酒没命，我也是有责任的，以前咱们也没少一起喝酒。我要是早点制止住你的苗头就好了。"然后接着说，

一切从互相信任开始

"不过你现在喝酒喝得这么频繁，每喝必醉，第二天耽误工作，我是非常有意见的……"

〉〉〉给人家指出一条光明的出路，让挨批的人会感激佩服我们

要是你也稀里糊涂，暂时对人家的问题没招儿，那就千万不要批评对方。因为就算你批评了，问题还是无法解决、无法克服。不仅等于没说，还有可能惹人家不高兴，这又何必呢？假若你可以确定，无论你怎样花言巧语，对方也不接受你的批评，那么你也最好把想说的话憋回去。我们批评的目的是为了解决问题，不是出于自我表现。

〉〉〉安慰并开导对方，说明有问题的并不止对方一个人

如果能安慰并开导对方，并把对方的所作所为说成是很常见的行为，那么就能降低对人家自我意识的伤害，对方便不会把你的批评看成是光针对自己一个人的了。大伙往往都有这样的心理：再不合理的事情，要是针对大家伙的就可以勉强接受；要是只针对自己一个人的，那就会暴跳如雷，不管事情大小，非得讲明白不可。

5. 让别人感觉他们赢了，你才能成为赢家 . . . .

跟别人说"不"，对于许多人来说并不是一件容易的事，因为拒绝有可能会伤害彼此的感情，或者导致争端。在此，我们提供一个小技巧，可以

帮助你避免不必要的烦恼，使自己和别人都觉得舒服一些，可以拒绝别人的同时又不伤害他们的感情。

〉〉〉拒绝对方后找碴儿让对方拒绝自己一次，帮对方恢复心理平衡

古人常说："来而不往非礼也。"意思是如果别人帮助或者为你提供某种好处，你就应该回报人家，不回报就是一种失礼的行为。

当别人给我们提供某种东西或服务的时候，我们就会觉得欠人家一个人情。比如在商场中，售货员特别热情地帮你挑选合适的东西，并跟着你鞍前马后地忙活，最终你就不好意思不在人家那里买点东西。回报别人会使我们觉得很开心——当然卖东西也是一样道理。销售人员心里就很明白这个道理：要是他们在你身上花了很多时间，又给你介绍产品的性能，又展示产品的操作方法，到头来你就会不好意思不买，尽管你心里还无法确定买对方的东西是否是最明智的选择。

这个回报的原则在相反的情况下同样适用，拒绝别人的同时又不伤害对方。具体做法就是：在拒绝了对方以后，立刻向对方求助一件对方不可能答应的事。一旦对方拒绝了你，你们就互相扯平了，你便不再有任何负疚的必要。如前面所说，当你去买名牌衬衣时，售货员已经陪了你很长时间，可是你还是没看中她推荐给你的任何一个款式，这时你就给对方提出一个她不可能接受的价位。当她说不能接受你的报价时，你就可以心安理得地不买她的衬衣了。每个人都说了一次"不"，大家谁也不欠谁，谁都不觉得有什么不好意思或不开心的。

举个例子说，小苏打电话向老同学荣哲借钱。可是此时的荣哲手头比较紧，一点忙也帮不上。他就可以这么说："不好意思啊，小苏。我最近手头也不宽裕，女朋友家里出了点事情，钱都孝敬老丈人了。不过你今天给我打电话我可高兴了，因为我也正有一件事想要你帮忙呢。我过两天要去上海一趟，女朋友回老家了，家里一个人也没有。你能不能帮我先养几天

一切从互相信任开始

我们家的那条'京巴'呢?"小苏一个人住在单位宿舍里,根本没法养狗,听了荣哲的话,一定会皱眉头,找借口说自己也帮不了对方的忙。

当然,有些人在使用这个技巧时会有一种罪恶感。甚至这些人在拒绝了你的要求后会觉得很不好受,要和你啰唆地解释不能给你提供帮助的原因,为不能帮助你而感到羞愧。如果你也是这样的人,那么我建议你改变一下。

最后要提醒的是:在这个技巧里,一定要确定求助对方的事情是对方所无法满足的。有时候,你可能的确有一些棘手的事情需要对方帮忙而且对方也帮得了你,可一旦对方帮助了你,你就会面临不得不勉为其难地回报对方的困境了。

>>> 不能确定能否帮忙就含糊答应,至少混个心有余而力不足的人情

如果你没办法确定自己能否帮助对方,最好不要说自己也搞不清楚。其实最聪明的做法是对方一提出要求,你就立刻痛快地答应下来。要是你能帮得上忙,那就万事大吉;要是你也没办法,你至少让对方知道了一个事实:开始的时候你也曾经满腔热情地想帮对方来着。这样一来,你没法帮助对方,就成了不能而不是不想。

换言之,如果你是真不想或者不能帮助对方,你也可以在对方求你帮忙时爽快地答应一声"没问题"。这样就算最后你并未帮助对方,起码不会给对方留下你满嘴借口、不干实事的印象。

6. 用说好消息的方法
说出坏消息 · · · · · · · · · · ·

传说古埃及有一个法老，对于给他带来好消息的人，就会盛情款待；带来坏消息的人，就会被砍头。这个故事虽然荒唐点，但由此可见，人们在内心深处对于坏消息的厌恶之强烈，甚至可能会导致一些非理性行为。

当我们处在一个不得不传递坏消息的位置时，怎么样行事才对自己最有利，那就是一件很有技巧的事情了。其实只要善于运用适当的表达方式，我们完全可以既把坏消息传过去，又一点也不得罪人。

>>> 尽可能使用负面色彩较弱的语言，减小对对方的刺激和伤害

讲话的方式不同，会强烈地影响听者的理解和接受程度。一个好的导购员知道自己不能用命令的口吻对顾客说话："别废话了！赶紧去把款交了。"而会采取一种询问的语气："这一款已经打过折了，不能再讲价了。要是您看好了，我们就把款交了好吗？"虽然买东西肯定都得"出血"，但是作为顾客还是感觉后一种说法比较容易接受。

语言可以影响我们对世界的看法，因为我们是通过语言来理解世界的。语言是思想的基础，思想又是情感的基础。既然是这样，我们就可以通过使用适当的语言，影响别人的情感和思想，从而在传递坏消息时不致招人讨厌。不过要完成这一艰巨的任务，哪些字词才是最适合的呢？

想说话温柔一点，就不要使用有太强负面色彩的字词。因为使用有太强负面色彩的字词，会使听者立刻陷入严肃、惨痛的情景中去，其效果就跟签合同一样，虽然合同只是一张纸，可一旦签了合同，我们就会不由

一切从互相信任开始

自主地认真起来，把需要办的事情当成一件正经事。因此，当你使用具有较弱负面色彩的字词，对方接收到的信息，所受到的刺激就会相应的减弱，坏消息所给予的冲击，就不会那么强烈。

研究表明，警方在审讯时，提问的方式会无意识地影响被提问者对细节的记忆情况。所以提问的方式不同，所得到的答案也一定会不同。比如，在交通事故现场，假如交警问路边的目击者："这个车撞到那个车的时候，速度是不是非常快？"这时被问到的人就更可能回答说："非常快。"但如果交警问他："这个车开过来的时候，速度怎么样？"就有可能会得到不同的答案。原因就是在前一种提问方式中，已经给被提问者预设了一个前提，指责某车是肇事的元凶。

>>> 尽可能拖延传达的时间，给时间治愈一切伤痛的机会

人们常说："时间是治愈一切伤痛的良药"。意思是：在漫漫的时间长河里，痛苦会随着时间被慢慢地冲淡。从这句话中我们可知，时间给我们提供了一个机会，使我们得以从适当的角度审视问题。当事情突然发生的时候，我们往往会不知所措，不知道怎么办才好。

比如说，你是一个父亲，你已经有一个十二岁大的儿子了。有一天你儿子趁你不注意，偷偷地把家里的宝马车开了出去兜风，结果很快就被警察扣下，给你打电话要你去取车领人。你在这种情况下肯定气得不行。

假设换一种情况，事情发生在十年前。十年后的你正与家人欢聚一堂，回忆起当时的情况，你也许不仅不会感觉到生气，还会产生那件事情非常有意思、我儿子也太有才了之类的想法。同样的事情，体会的时间不同，就会产生不同的感觉，为什么会这样呢？就是因为事情发生的时间已经过去，一切问题都已经不再是问题的缘故。时间会戏剧性地影响我们对事物的看法。

〉〉〉设法改变对方对事物的负面观念，对当前事态产生积极的看法

我们的理解也会受到自身信念的影响。某一固有观念，常常会决定、影响我们对事物的反应方式。比如，在我国文化里，人们认为降生到这个世界是一件很令人高兴的事情，所以就会庆祝生日；同时我们也认为死不是一件好事儿，所以在举行葬礼的时候就会表现得很悲伤。

但有些文化，却把死当作一种生命的升华。所以也会大肆庆祝。显然，在这里，不是事物本身，而是人类对事物的看法，决定了最后的感受。其实，人对于任何事物的反应——尤其是倒霉的坏消息——无非是人自身特定信念的产物罢了。

当一个人因为某件事情而难受时，原因无非是因为心目中的三种信念：

1. 感到不利的境况可能是永久的；

2. 感到所面临的情况是很严重的，深层意思是这件事比其他的事情更重要；

3. 觉得事件对自己影响很大，会干扰自己在其他方面的发展。

这些想法一旦浮现于脑海中，我们肯定会紧张得不行，被吓得没了采取任何行动的勇气。在相反的情况下，要是我们把面对的情况看成是暂时的、偶然的、没有啥重大意义的事儿，我们就一点也不会被它所困扰了。

通过人为手段，我们可以改变对方对某些事物的负面观念，从而影响他们对坏消息的反应方式，使他们的人生态度更加积极乐观。当然话也不是乱说的，你想要传递的坏消息的具体情况，肯定会对你的表达有所制约。不过我们可以尽量地争取，只要能在一两方面消除对方的负面观念，就可以极大地减少对方产生负面情绪的机会。

一切从互相信任开始

>>> 传话时要平静乐观，不要让自己的负面情绪影响对方

如果在接收到的情报中，含义不甚明确，人们往往会不知所措。这时，很多人会选择从其他人那里寻求必要的行动指南，也就是选择随大流。假设你在一个拥挤的电影院里看电影，忽然有人大喊："失火了！"可是你却根本没发现失火的迹象，你一般会有什么反应呢？无外乎有两种反应：一是如果其他人都坐在座位上不动，你便也会随大流选择不动；二是当其他人都发疯了似的拥向安全出口时，你肯定也会立刻蹦起来随着大家一起往外冲的。

同样的道理：人在不能完全理解坏消息的具体意义时，往往会向其他人寻求行动的指南，根据别人的态度决定自己应该选择怎样的态度。根据这个原理，我们在传达坏消息的时候，自己表现得越轻松，对方就会越平静、越不受坏消息影响。

>>> 通过跟更坏处境的对比，论证当前环境的优越性

我们在认识事物时，往往无法根据这个单独的事物认知，而必须用其他事物作为参照物才能最后认知。对某一个事物的看法，往往是通过与相关事物进行优劣得失比较得出的。通过此稍好的环境和彼糟糕的环境的对比，我们于是可以认定当前的环境是更好、更优越的。

就像你去修电脑，如果对方告诉你主板烧了，必须换一个新的才行，你肯定会很沮丧。但换种方式，当一开始时，他告诉你："电脑主板、内存、CPU、显卡、硬盘全都报废了。"但仔细检查后，才告诉你实际上是虚惊一场，仅仅只有主板烧了而已。你肯定会非常庆幸："天啊，看来我运气还不错。"坏掉一块主板，本身虽然很招人烦，但就这样换了一种前言后语，你就会高兴得不知如何是好了。

上面这些技巧，还是要受环境限制的。不过在效果上，对减轻收到坏

消息的人的心理冲击和痛苦方面，都能或多或少地起到一定的作用。

接下来，我们举一个例子，综合性地说明一下上面的技巧。

一天，有几个大夫为一个病人做检查，结果发现他得了糖尿病。每个大夫用不同的表达方式来述说病情，假如你自己是那个糖尿病患者，会喜欢跟哪个医生打交道？

赵医生："很抱歉，我必须跟你说一个情况，根据化验单上的数据，你已经得了糖尿病。其实你知道不知道都一样，因为这个病是有可能死人的。在某种程度上，这种病跟截肢或者瞎眼差不多，实际上也没什么有效的治疗办法，因此希望你能够明白它的严重程度。从现在开始，你的生活必须进行彻底调整，从吃喝拉撒到工作锻炼都得注意。当然调整也不能解决根本问题，不过你总不能等死吧。你得上这种病，我也很替你难过。"

钱医生："你的身体状况不错，除了血糖水平有点波动以外一切正常。从化验结果来看你的身体还不错，现在不少人都有这个毛病，按比较专业的叫法这属于糖尿病。不过，这个病是完全可以控制住的，如果你治疗护理得法的话，对你的生活一点影响也没有。事实上，我觉得你患上这病已经很长时间了，不过你的状态整体上还不错，我都替你高兴。注意点饮食、加强锻炼，你这身体就会越来越好的。"

如你所见，两位医生都在自己的话里交代了必要的信息，但是钱医生说得没那么多夸张的色彩，病人就比较容易接受他的话。既不耽误意思的传达，同时又减少了对病人的心理冲击。通过使用委婉的语言，钱医生指出了状况的积极一面，比如病情至少没有发展到更糟糕的地步。在整体的遣词造句上，他的口吻也比较乐观，比如使用"我都替你高兴"，而不像赵医生那样，动不动地就说什么"很抱歉""替你难过""等死"一类吓人的话。

当然，在这个例子里，医生也必须实话实说，把病患的具体情况交代清楚，否则耽误了治病，那就坏事了。不过在患者初步接受了得病的现实后，再说明具体的细节情况，病人接受起来就要坦然得多，不会因一次性地过于吃惊而产生绝望、沮丧的情绪。

7. 完美推卸掉自己做错事的责任

假如我是一个马虎的司机，一次开车把人家撞伤了。这时我立刻冲上去道歉，并发誓诅咒地说以后再也不这样了，对方真的能原谅我吗？

实际上我们都明白，有些时候光靠说"对不起"是根本不能解决问题的。除了给受害者实际的补偿外，要是你不懂道歉技巧、不明白人际间的某些微妙原理，你还是不能够迅速地取得被伤害者的谅解。

>>> 在遭遇不可抗力时，尽可能把责任往外部因素上推

在求人原谅你的错误时，是因为说错了话还是做错了事，两种情况需要采取的对策并不一样。在这里，我们首先提供一种技巧。其适用的情况是：个人意图是好的、好人没遇上好事、无意中给别人造成伤害等情况。用保险公司的话来说，就是遭遇到不可抗力。

研究表明，当你道歉时，强调自己给对方造成的伤害、损失是因为无法控制的外部环境的结果，被对方接受的可能性就会相对增大。比如要是简单地说："我也没办法"或"我一点也记不起来了"之类的话，对对方进行搪塞，就很容易引起对方不必要的愤怒情绪和敌意。人家会怀疑你一点也没有承担责任的意图。

可是，假如有七辆小汽车在高速公路接二连三地发生了追尾。如果第一辆汽车突然爆胎，肇事者就很容易获得人们的谅解。谁也没办法指责肇

事者开车不够认真，过分追究对方责任的话，又很容易被当成想利用事故敲竹杠。

因此，在请求别人原谅你的时候，应该尽可能地把原因推到外部环境上面，这样人家就不会感到太生气，也不会有轻蔑、藐视的感觉产生。

如果你犯错的原因是超过自己能力控制的，除了一定要让人们知道这一点，同时还要告诉对方你曾设法争取解决过相关问题，只不过最后失败了。这样才会显得你比较有诚意，而不会被人怀疑寻托词、找借口。

但如果是开会迟到了，你就不能光拿堵车说事儿。因为上司可能会想：你明知道这个会议很重要，干吗不早点出来？这分明是不把会议当一回事！这时候，你在告诉对方交通状况不好的同时，最好加上一句补充说："本来我估计到可能会堵车，所以提前了半个小时出门，结果还是被堵在路上了"——交通状况要恶劣得多，远远超出了你的预想，超过了你的控制能力，这下上司没话可说了。

另外一件需要注意的事情是，道歉时一定要态度严谨、细致，争取把具体情况言简意赅地说明白。要是你说得含含糊糊，人家都听不明白究竟是怎么一回事，就会觉得你隐瞒着一些事，对方的愤怒不仅不会减弱，反而有可能因此更气愤。

〉〉〉毛病主要出在自己身上时，要有真诚悔过的态度并提出补救方案

以请求别人的谅解而言，上面的方法足以应付一般情况了。不过要是对方仍旧不肯给面子，你还可以试试下面的技巧。这些技巧可用于双方已经不存在足够的信任和基本的体谅的情况下，同时你犯错的原因也并非是不可抗的外界因素。

一个人做了错事，受到影响的人就会觉得在某种程度上被冒犯了。对方会产生一种遭遇背叛的感觉，觉得当事人不拿他当一回事、觉得当事人根本不在乎他，或者当事人根本不关心别人等等。在这种情况下，仅仅说

一切从互相信任开始

一句"对不起"根本于事无补，这么简单的道歉并不能恢复对方的自尊。当事人的所作所为伤害了对方的心灵，除非当事人对人家的自尊心有所补偿，对方的态度是不会自动重新好起来的。

要想迅速全面地赢得对方的谅解，我们可以采取下面四个阶段的战略战术。

◇第一阶段：主动承担责任并真诚地道歉

与遭遇不可抗力的情况不同。在这种情况下，最重要的不是把责任推掉，而是迅速彻底地把责任完全承担下来。是你的责任，就不要责怪别人或者找借口辩解，那么做只会使情况更糟糕。

诿罪他人，这种做法有可能被人家所利用。诿过于人不会使自己的情况有所好转，却会使对方的重要性获得上升。如果人家趁机揽下责任，也就取得把事情重新推上正轨的权力。

另外，恢复与被伤害者的友好关系，本质上是恢复对方的自尊心和安全感。假如这时你承担下了责任，被伤害到的人才会确认自己不会被再次侵害、才会确认自己在你的眼里是一个值得尊重的人。如果你拒不向被伤害者承诺这两点，还要对方原谅你，那岂不是很荒唐？

接下来需要做的事情是道歉。有些时候我们会忘记说"对不起"，因为反正说也不好使，但是要想赢得全面的和解，没有一个道歉的形式是绝对不行的。有些人死要面子活受罪，让他们跟人说"对不起"，比让他们开枪打自己都困难。不过人要有担当意识，要想解决问题，赢得对方的原谅，必须正儿八经地跟被伤害到的人道歉。

最后，一定要确保道歉的态度非常真诚。不真诚的道歉是不可能被接受的。道歉缺乏诚意，意味着你没有真正地反省自己的所作所为，你就很有可能重蹈覆辙，再次犯错，给人家造成更大的痛苦和伤害。人家当然无法接受。

◇第二阶段：向对方忏悔并提议严厉地惩罚自己

请求对方原谅的最重要环节，莫过于向对方忏悔自己的所作所为。没有忏悔的道歉就好像是没有汽油的卡车：看上去很大、很威武，但是啥用也没有。忏悔的作用在于承认对方的正义性和地位性，使对方恢复自尊心，重新对自己产生一种良好的感觉。

要是你不向对方忏悔自己的行为，就算已经道歉，对方多半还是会拒不原谅，或者不能完全重新接受你。在忏悔的这一刻，记住要把你愿意接受对方任何处置的态度表达出来，把自己摆在比对方低的地位，这一点对于能否赢得对方的原谅是至关重要的。

研究表明，如果犯罪嫌疑人在法庭上拒绝对自己的行为进行忏悔的话，就非常有可能得到相对严重的量刑。有些事情虽然已经无法挽回，但至少在语言上对人们的心灵进行一番抚慰也是好的。如果连这都不肯做的话，很可能一个人就会"被"变成怙恶不悛的人，遭到加重惩罚。由此可见，正义就是某种平衡的达成，当然其中也包括心理平衡。心理平衡实现了，其他的事情自然就好办多了。

每个人都希望别人公正地对待自己、希望拥有做一个正常人的权利、更希望获得人们的尊重。当一个人做错事时，行为之所以会令对方反感，是有直接的心理原因的。这个人的所作所为意味着这个人不尊重对方的人格和权利，剥夺了人家的正常心理需求。除非这个人使人家的这些心理需求获得满足，对方就不会原谅你。

所以在这时就可以这样说："我知道我错了，你的确应该生我的气。造成的后果我愿意负全部责任。我当时……"

在一些极端的情况下，对方会一直拒绝怜悯。这时就要使用下面的技巧消解人家的愤怒。那就是提议让对方用某种方式惩罚自己，手段越残忍无情越好。这么一来对方就不得不拒绝这种提议，因为对方也不会觉得有理由让肇事者受到这么残忍的惩罚。

就算对方这么做，那个人的心里也会不经意地产生一种微妙的反应，从而开始宽容起来。在心理学上是这样解释的：一个人若有了两种相互冲突的想法或情感态度，便会产生情绪焦虑，为达到身心的和谐平衡，人就

一切从互相信任开始

会本能地用一种想法或情感态度，去统一另一种想法或情感态度。因此对方拒绝了惩罚提议，就不得不认可行为是可以原谅的。

即使对方没有认可，对方心中也会有两种不同的理念相互冲突打个不停。换言之，假使对方仍旧不肯原谅，对方自己心里就会反反复复地想："既然这家伙这么坏，我为啥还假慈悲不趁机狠狠修理他一顿呢？"

◇第三阶段：说明详细情况和自己那么做的原因

前面介绍的那些技巧，已经足够帮一个犯错的人在犯错后重新返回人类社会，被一般民众所接受了。不过想要让其他人宽恕所做错的事，建议继续加油，把下面的事情办完。

首先，为了把自己希望避免类似悲剧再次上演的决心传达给对方，我会把发生错误的详情跟对方说清楚。这说明我已经对自己的错误有过深刻的反省。

有时人们无法真正原谅，在一定程度上，常常与不了解产生错误的具体情况有关。这意味着，某些事情曾经在对方毫不知情的情况下发生，而且还有可能再次发生。谁摊上这种事情能不害怕呢？不让人家获得知情权，会让人产生自己不被重视的感觉。

具体说明错误情形时，也可以采用就事论事的方法，孤立地解释事情的原委，从而把整个错误解释为一个意外。这样就减少了对方对于类似事件会再次发生、影响自己生活的顾虑。

接下来就到了必须回答"为什么"这个问题的时候了。别人生活遭遇不幸、变得丧失乐趣，全都是因为某个人的胆大妄为，"为什么会这么做呢？"要是不能给人家一个可以接受的答案，人家怎么可能感到真正满意、怎么可能轻易地就让事情过去呢？除非人家已经理解了这么做的原因。

简单地说什么"我不知道……"、"我没想到……"是不可能真正打消人家悲剧重现的顾虑的。在此必须要面对一个挑战，那就是如何合理地解释自己的行为，同时还不被人当成狡辩。根据研究，大多数人在试图赢得他人谅解时，往往能很顺利地施行前面所讲述的技巧，可惜大意失荆州，最后在这里翻了船。

举例来说。如果我本来在路上走得好好的，忽然窜出来一个人把我撞了，我就会本能地有两种反应：第一种反应当然是生气，因为这也太不尊重我了；第二种就是看清楚撞我的人究竟是何方神圣，确定对方是不是有意这么做的。

但如果撞我的人是一个老太太，我就不会产生进一步的怒火；可是如果撞我的人是一个小伙子，我就会觉得很愤怒。原因在于我们都会觉得老太太是弱者，撞人肯定是缺乏控制能力造成的无心之失。而对于身强力壮的小伙子，判断则正好相反。可见人对于事情的判断常常较为主观。

分析上面的现象，我们意识到，解释自己的错误最不容易引起他人反感的方法，是把自己归入弱者行列，把自己的行为归结为害怕的结果。人人都有过害怕的情感体验，也明白害怕是怎么一回事儿。

因此我们可以套用上面的例子，和人家解释自己的立场："那会儿情况越来越糟，我就害怕了"、"我怕你开除我，所以在签合同时就没敢跟你说实话"、"我怕你知道到底是怎么回事以后怪我，所以我就撒了一个谎"。

这么一说以后，我所犯的错误看起来就不再那么像彻头彻尾的背叛，而更像一个胆小鬼出于恐惧做出的冒失行为。这种说法强调了我软弱的一面，进一步使对方恢复起对自己力量的自信和自尊心。这也给对方提供了一个机会，可以通过安抚你的恐惧，进一步恢复自尊和自信。

◇**第四阶段：说明自己没捞到任何好处**

最后一步，就是告诉人家，我并未因自己的做法获得任何精神的愉悦、也没因此赚到钱……总之，是从中没得到任何好处。既然时光不能倒流，有些事情不要太实在。这时不仅要尽可能地把事情的发生解释成一场误会，还要避免提及从中获取的好处。

从对方那里取得原谅的关键在于，能否恢复双方利益的平衡，不管私人关系还是工作关系都是如此。如果我们获得了某种程度的好处，就得加倍还回去，才能把事情摆平。绝不能承认自己从中获得了任何物质上的好

与人言谈的人情事故
一切从互相信任开始

处或心理上的满足。

此时,我就会说一些类似这样的话,交代清楚自己费力没讨好的处境:"那天真喝多了,跟你在一起的时候一点感觉都没有""那些钱我一个子也没有花着"或"结果我比先前过得还难受,心里老是充满了罪恶感"等等。

这个装可怜虫的技巧,将最终赢得对方的原谅,虽然对方有可能立刻就原谅你,也可能还会继续跟你僵持一阵子。道歉道到这个份上,你也算仁至义尽了,除了等待也就不用再瞎折腾什么了。随着时间的流逝,事情终会逐渐平息,你们的生活重新走上正轨,对方就会自然而然地重新接受你了。

>>> 如果说错话,用曲解的方法大事化小、小事化无

上一部分所说的那些技巧,都是针对办错事的情况的。有时候我们得罪人,却是因为口无遮拦、说错了话。这里有一个叫作"推而广之"的技巧可以轻松化解口误带来的困扰。

人之所以会口无遮拦、胡说八道,往往是因为在说话时一时兴起、没经过大脑思索。其实这个问题每个人都在所难免。这个"推而广之"技巧的作用,在于及时补救你的口误,帮助你省下许多跟别人闹别扭的时间。

如果我们直接出言不逊冒犯了某某人,仅对人家说一句"开玩笑"来道歉,是不足以安慰人家遭受挫折的心灵的。这时我们可以立刻应用以下这个技巧:比如我们正和一个同事争论业务问题,情急之下忽然冒出来一句"笨蛋"。说完后,我们很可能立刻会觉得有点儿过分,要补救该怎么办呢?这时我们就可以立即补上一句:"跟这个破公司的其他人一样!"

别人感到自己被冒犯,在很大程度上是因为觉得被特殊对待了。补充上这么一句后立刻就缓和了被骂者的抵触心理,你对同事的个人攻击,变成了对全体人员的不满,自然就减弱了对单个人冒犯。

对方在这种情况下，一般感情不会受到伤害，更不会觉得事情有哪些不对头，只觉得你可能工作压力太大，需要放几天假歇歇了。

换一种情况，如果我们的话被曲解，或者我们无意中冒犯了某个人，那么就可以在谈话的上下文里寻求立足点，把你的话推而广之。

假设我在一次会议上就事论事批评了某种现象。较真的人事后就一定会找到我，认为我攻击了他，这时我就可以辩解："什么啊，我可没说你，我说得很清楚，是有些人嘛。"我这么一解释，便把对方放到了第三方的位置，就算他心里仍旧怀疑，也还是没办法继续纠缠不休了。

8. 借东西的学问

几乎每个人，或多或少都有借给别人东西后不好意思往回要的经验。借的东西包括钱、工具或其他类东西。往往借的时候容易，轮到开口管人家要了，自然有点难于启齿的意思；而且更严重的问题是，即使你豁出老脸去要了，就一定能立马要回来吗？那可难说了。

当然了，借了东西不许要，天下是没有这样的道理的。而且借东西的人本应不等主人要，就自觉地在用完后归还。但问题是，世间的确有很多借了东西不知道归还的人存在，遇见这种人，我们应该怎样才能迅速而又不得罪人地把东西讨要回来呢？

要对方归还东西的最简单办法，莫过于直接索要。科学上有种说法是"最直接的办法往往就是最好的办法。"不过具体问题还要具体分析，在索要的时候，得编点不得不往回要的合理借口。当然，如果我想要回东西，的确是因为要派实际的用场，那当然就更理直气壮了。

一切从互相信任开始

这时我可以说：“朋友啊，上礼拜我借你的那三百块钱你能不能还我啊？我刚买了件衣服，生活费不够了。”多简单、多直接而且重点突出啊，要是我们生活的世界是共产主义社会、人民群众的觉悟都史无前例的高涨，说这些就已经足够解决问题。问题是我们现在生活的社会还不是，所以就需要想点比较复杂的技巧，跟某些有点不知道深浅的同志们斗智斗勇。

这个技巧的关键就在于唱高调、激发对方的自尊心。你可以依次使用下面的三个技巧，直到最后对方终于肯把属于你的东西物归原主。要是对方负隅顽抗，你就相应地提高自己一方招术的狠辣程度，持续发动进攻。

〉〉〉给对方戴公平正义的高帽子，让对方良心过不去不得不还

在摊牌跟对方索要钱物前，建议先找个机会假装无意地告诉对方：我之所以会和对方交朋友，主要原因就是对方是一个公平正义的人，做事情非常有分寸。你这么一说，就把对方圈到自尊、自信、自立、自强那伙人里面了。

这样让对方把高帽一戴，自然他就会感到不舒服，从而陷入焦虑状态，不得不重新调整自我评价，直到达到一个自圆其说的程度。具体的原理，我们前面也交代过，这里就不再啰唆了。

举个例子，我有个欠钱不还的同事，叫郭郭，这时我就会和他说：“你知道不，郭郭，咱们单位这么多人，我跟你特别投缘，原因就是我觉得你为人特别公平正义。"当然不能夸完人家，立刻就要钱，那么做动机就太明显了，反而会坏事。稍微忍一忍，等过了几个小时，我再去找郭郭要钱，直接说原因借口就可以，他为了彰显自己"特别公平正义"，多半就算是去借钱也得把欠我的账还上。

>>> 借他人的话旁敲侧击，间接地督促对方还账

这个技巧的关键就在于激发对方的自尊心。这时我会与对方说，我们两个人都认识的某几个朋友（注意不能说具体的名字，说名字后很可能人家去确认）跟你说了，你借给对方的钱物肯定啥也要不回来。当然，你还得充一下烂好人，假装自己根本不相信造谣者的废话。你可以这么跟对方说："我才不相信他们说的呢，有些人啊，就是喜欢无事生非、挑拨离间。"

对方听你这么一说，就会觉得，这么多人嚼舌头对自己的名誉可是大大的不好，为了对抗这股歪风邪气，为了不辜负你对自己的信任，说不得也只好忍痛割肉做出点辟谣的实际行动了——也就是说，对方要还你东西了。

>>> 抓住人们爱面子的心理，用公布于众威胁对方

如果这样还不成，那么我们还有一招最后的杀手锏！那就是威胁对方说，如果你不把拖欠的财物归还，我就会和其他人宣传这件事情，知道你这里啥也要不回来，让你颜面扫地。此时，大多数人都会在意自己的公众形象，肯为维护自己形象做任何事，尤其是归还自己欠人家的财物这种天经地义的事情，只要能办到，没必要为这种事影响自己的公众形象。更为重要的是，对方被宣传后可能就真的从别人那里什么也借不出来了。即使是顾虑这一点，对方也绝对不敢不把属于你的东西完璧归赵的。

9. 让对方痛痛快快回电话

有时候你给对方打电话，希望尽快与对方建立联系，对方有时却无法、不愿意或者不方便回话。不过好在现在通信科技高速发展，手机走进了千家万户。这时，我们通常的做法就是给对方的手机发一条短信，让对方尽可能快地给我们回电话。

>>> 发一条语焉不详的短信，让对方的好奇心理欲罢不能

现在常见的要求回电话短信基本都是这样的："你最好尽快给我回电话。"或者"有急事，请速回电。"但这种短信留言往往效果不佳，很难取得好的效果，而且还会使接到短信的人产生厌烦和不必要的焦虑情绪。

在诱使对方给我们回电话的效果方面，下面举的五种短信留言方式要相对好一些，这些留言的策略是利用人们心里头最基本的一种心理因素："好奇。"比如：

"现在还不晚。你收到短信后尽快给我回电话，我可以告诉你详情。"

"我现在有急事想和你说话，你抽空给我打个电话，我们电话里谈。"

"这回我又得欠你人情了，尽快给我回话详谈。"

"这次你说得真对了，一有时间赶紧给我打电话，我会仔细告诉你怎么回事。"

"有一件事情你肯定喜欢，快点给我打电话，我告诉你具体情况。"

>>> 没来由的感谢短信，激发对方的无穷想象

有没有效果更好的方式，可以诱使收到短信的人一定回复我们的电话呢？当然有啦，比如下面这个短信样板，就几乎可以保证每一次发出都能招来电话回复："你做的事，我很感激，请你给我打一个电话，我想亲自表示一下感谢。"

这个模式化的短信的策略是用感激引发对方的好奇心。它可以告诉对方你是一个感恩图报的人，认可对方的所作所为。这样做会使人家感到很开心，因为你对对方表示了欣赏和理解。更重要的是，这个短信是一个让人糊里糊涂的短信。不管你的短信息讨论的事情有多吸引人，要是对方能看明白你究竟是什么意思，人家就可以根据事情的重要程度确定是否有必要给你回电话。

可要是对方压根不知道你说的是什么事、什么问题，得不到足够的信息进行评估，就没法决定可以不回你的电话。这个短信之所以有吸引力的一个重要原因就是能产生这种效果。你肯定也曾经收到过类似的这种让人摸不着头脑的短信吧？你所以着急第一个回复对方电话或者短信，其实只是因为你的好奇心促使你想知道到底发生了什么事情。你担心那些你所不知道的事情可能是非常重要的，万一错过，那可就坏事了。相反地，如果对方短信所说的事情你一清二楚，你就可以根据事情跟自己的利害关系确定其重要性。那对于对方可能是很重要着急的，从而决定是否回复对方。

未知的事物总是容易激发人们探索真相的兴趣。就像有些人正在电话里和铁哥们聊得近乎，忽然发现手机上有一个不知什么人打来的电话，赶紧救火似的撂下了哥们的电话，接听了那个陌生电话。接过来才知道，这是诈骗公司打过来的骚扰电话。为什么会发生这样的事情呢？原因就是不知道打电话的人是谁，以及要说的事情是否重要。

在给对方发短信时，你当然得告诉人家你的身份，这个没法做文章，但是其他的信息你就可以随便地含糊其词，让对方丈二和尚摸不着头脑，

一切从互相信任开始

当对方按捺不住好奇心时，必然会乖乖地给你回电话。

在类似的情况下，你打电话找人，对方不在，接电话的是对方的秘书、同事或者家人、朋友，你也可以施展这一招术。这个时候需要做的是，把文本留言转换成语言，告诉代接电话的人，并请代接的人转达你的话。你要找的人一旦听说有这么个电话，心里没有不犯核计的，想想始终不知道出了什么大事情，结果也得老老实实地主动拨通你的电话。

▶▶第二章

行为举止的人情世故：
你也能成为"万人迷"

从心理学上来说，任何人之间相处，能否互相接受认可，不管是两性关系也好、同性关系也罢，其实都遵循一个原则：当对方对我们的价值认可时，我们就会喜欢对方；反之，就不喜欢对方。人们喜欢对方，说白了其实只是因为对方可以给自己带来被肯定的感觉而已。抛开理想的爱情理论不谈，人们更喜欢漂亮的异性。其中一个很重要的原因就是对方成为自己的爱人时，可以给自己带来尊严和荣誉感，从间接的角度肯定了自身的价值。

相貌出众的雪莉，相中了条件一般的小刘，在恋爱过程中，雪莉经常以恩主的姿态凌驾于对方之上，这给性格内向的小刘造成很大的精神压力。在跟雪莉的恋爱过程中，小刘产生了严重的挫败感，享受不到做"老公"的"威严"，后来被别的小姑娘稍微一勾引，竟然"出轨"了。

类似的情况在历史上也不乏先例：比如金发碧眼、貌美如花的戴安娜王妃。论自然条件之丰富程度，无疑要比贼头贼脑、离过婚、被戏称为黑寡妇的卡米拉强百倍。可是查尔斯王子仍旧背着她跟卡米拉私通，也不知道看上她哪一点。不过我想其中肯定有一个原因就是戴妃不会对查尔斯温柔。

由此可见，要他人喜欢、爱慕、崇拜、尊重自己，不仅有一个强化自己外在的问题，还有一个不断改善自己内在的问题，也就是在具体的待人接物方式上满足对方心理需要的问题。

1. 让陌生人对你一见倾情

要想被别人喜欢，自身条件是关键。要想让人喜欢上自己，关键是不断地提升自己的本领。在内在方面，那些非常招人喜欢的家伙也不是神仙

行为举止的人情事故

你也能成为"万人迷"

下凡或全是家里有关系，他们之所以更容易招人喜欢，常常只不过是因为拥有一些更容易引起别人喜欢的个性和品质，而这些品质在具体的技术层面，则表现为特定社交技巧的娴熟运用。

>>> 在对方心情好时套近乎，让对方对你"爱屋及乌"

有一个成语叫作"爱屋及乌"，意思是说因为喜欢一个事物，捎带着对与这个事物有关的其他东西也喜欢起来。这个规律套用在人际交往中，就是当把你和一个比较惹人喜欢的事物并列在一起的时候，人们也更容易喜欢上你。

举个例子：我正在兴致勃勃地计划"五一小长假"去哪里旅游，一个本来看着不顺眼的同事此时正好出现，我看着他的时候就会比平时更顺眼。但如果我碰巧胃疼得龇牙咧嘴，此时我就会觉得出现在我视野中的人面目非常可憎。类似的例子我们可以举出很多，总之那些令人高兴或厌恶的元素出现在一个人身边时，不仅会影响我们的情绪，而且还可能连带着对那个人产生或好或坏的感觉。

所以，要是你想讨人家喜欢，就得在对方心情好、或者恰好因为某件事情绪高涨的时候与对方交流。那种在对方心头涌动的美好感觉，会连带着影响到他们对我们的看法，这样他们就会对我们有一种积极的评价。

但怎么样才能判断出对方的心情好坏呢？其实要判断对方的心情好坏非常简单，只要观察对方的脸就可以了。比如对方与我寒暄时，要是心情很好的话，就会笑得很开怀，眼睛睁得很大。但如果对方笑时光咧咧嘴，其他部分纹丝未动，这就叫皮笑肉不笑，一般情况下对方的情绪很可能不佳。

眼神接触也能反映一个人的心情好坏。心情好的时候，人倾向于直视对方的眼睛；心情不好的时候，眼皮就会无意识地往下耷拉，甚至回避对方的眼神，不看跟自己说话的人。

一本书学会人情世故

>>> 反复在对方面前露脸，造成对方接受能力的审美疲劳

古人说，在皇帝面前得宠时间长了，早晚要挨收拾；去朋友家蹭吃喝太勤了，难免要招人厌烦。简单地说，这就是"距离产生美"，跟人交往不可过于亲密。但这个说法只部分成立，因为根据现代的研究表明，越是与人家交往联系，人家才越喜欢我们。

学者认为，只要没在最开始接触时，就导致交往对象产生不快的负面情绪。那么事物给人的反复刺激，最后总是能引发欣赏和喜欢。这个原理适用于任何对象：人、地点、物品等等。曝光率越高就越招人喜欢。

相信大家都看过一种非常讨厌的电视广告。这种广告技术含量非常低，也没什么美丽的情景设置。有的仅仅是一个产品的形象，或者公司产品的名称，根本不介绍产品的特点或者好处。这种广告在一秒钟内迅速闪过，但却会连续重复出现几次，这就是一味地用频率优势狂轰滥炸。

实际上做这种广告的公司往往很狡猾，他们心里明白根本用不着费劲向消费者介绍自己的产品有多神奇，只要他们产品的名称、形象在人们面前"狂轰滥炸"，人们就会稀里糊涂地接受他们的产品，自然销售量就会快速攀升。

娱乐圈的名人也都明白这个道理，所以他们非常注重自己在广告或者在电视、报纸、网络等媒体上的出现率。

人类心理认同的这个特点，对于人类的认知有很强烈的影响。一个人如果能经常看到你的名字，肯定要比从来没看过你的名字的人更容易对你产生好感。

如果我们能经常在对方面前露脸，自然就会慢慢地在对方心里生根。故作神秘、保持距离或者欲擒故纵，有时在人际关系上也是有自己的作用的，不过这么做会产生副作用，那就是减少了与对方进行心灵感应的机会。研究表明，我们更容易喜欢上那些与我们在身体上保持近距离接触的人，因为和对方发生心灵感应的机会要更多。

你也能成为"万人迷"

另外，我们还应该搞清楚的是，"距离产生美"实际上是有一定前提的，也就是说当你与别人的关系已经亲密到一定程度后，然后才需要适当地控制接触程度，否则很可能出现厌烦情绪。假如我们与他人的脸都还没混熟呢，这时就开始和人家适当保持距离，结果过一段，人家干脆忘了有我们的存在了，这还产生什么美呢？

除了这个，还得明确哪种做法该是社交中的主要交际策略，哪种是偶尔一用的辅助策略的问题。只有经常和人家保持密切的交往，对方才会对你产生积极的正面情感；如果在大多数时间跟对方保持距离，对方就会跟你渐行渐远。想象一下，小两口为了感情好，用了"距离产生美"的偏方，每个月亲热次数不许超过多少次，时间长了也肯定会出问题。

〉〉〉喜欢产生喜欢，让对方知道你喜欢人家

不管常识还是科学研究都告诉我们，爱总是会产生爱，人更喜欢那些喜欢自己的人。当我们发现某人对自己的评价比较高时，就会不由自主地觉得这个人也挺不错的。想要对方喜欢上我们，有一个方法就是设法把你的喜欢或崇拜传递给对方。

你也许会问万一人家就是不喜欢可怎么办？不喜欢你，你就慢慢跟对方泡着玩呗。学者发现一个很令人吃惊的事实：那些开始不喜欢某人的人，假如一旦后来喜欢上某人，会比那些一开始就喜欢某人的人更疯狂。

如果我本来和一个人关系就不太密切，可千万不要突然来个一百八十度的大转弯。因为对人家过于热情，除了有可能吓到人家以外，还会使人怀疑你别有用心。

研究表明：循序渐进培养起来的好感总是比突如其来的友谊更加稳固牢靠。不要想一下子就成为对方的知心好友，只要根据"爱产生爱，喜欢产生喜欢"的规律，不断地使用适当的方式，让对方知道你很喜欢对方就足够了。

>>> 让对方觉得自己跟你是同一种人，对方就会喜欢上你

我们都知道，当两块磁铁放在一起时，会产生"同极相斥，异极相吸"的现象。但在自然界中，并不是所有相同的东西都互相排斥；相异的东西都互相吸引的。在人际关系中，我们实际上更喜欢那些与自己行为方式相似的人。相似的个性、体貌特征或生活背景，往往能引起信任和亲密感。与那些和我们类似的人说话时，我们会有很多话说，双方也能有很多共同喜欢、关注的问题可以讨论。

但有的人和我们不一样，我们也有可能觉得对方挺有意思的，不过那并不意味我们喜欢对方，因为不能完全了解对方，因此我们会产生对彼此关系的不信任感和不确定感。

这种现象简单地说就是"物以类聚，人以群分"。那些一起患难、经历过人生的风风雨雨的人们，往往会建立一种非同一般的密切关系，就算经过很多年照样难以断绝。比如，那些曾经在一起打过仗的老战友往往有极深的感情，多少年以后见面仍然交情不减当年。

类似的，那些并没有一起生活过，但是曾经有过类似生活经验的人们中间，也有一种比较强烈的情感纽带。就算两个人以前从来没见过面，但是有类似的生活经验。也许仅仅是得过同样的病，也许是做过同一种工作……他们也会更容易套上关系，甚至进一步发展成哥们儿、姐们儿。

对那些与自己有类似生活经验的人，我们很容易产生一种很亲切的感觉，原因在于我们觉得对方会更懂自己。人人都渴望被别人所理解，这一渴望对我们的日常行为模式影响实在不小。

>>> 用赞扬给对方自信，让对方感觉自己不错

人们对自己的评价，很大程度上取决于别人对自己的态度。如果别人都肯定、尊重、欣赏自己，人们就会觉得得意扬扬，觉得自己挺不错。当

你也能成为"万人迷"

他们觉得自己挺不错的时候，也会对那些使他们产生这种挺不错的感觉的人产生好感。

和那些热情开朗、喜欢说好话的人在一起，我们通常会觉得非常开心。尽管有时候明知道对方的马屁经有点不着边际，但还是喜欢和他们在一起，主要原因就是对方肯定了我们的价值。

相反地，我们和那些老喜欢挑别人毛病、什么都看不顺眼的人在一起，两分钟都会觉得很长。因为这些讨厌鬼会让我们觉得自己什么也不是，生活了无生趣，就算他们有时候也吐露出两句真理，也无济于事。所以只有那些肯让别人舒服的人，别人才会喜欢他们。

>>> 与对方保持言行风格一致，不是一种人，也可以求形似

如果某人与对方明显不是同一种人时，假装得太过分、或者硬往上套，反而有可能坏事。采用与对方保持言行风格一致的技巧，同样可以在彼此之间产生信任感，这样对方就有可能喜欢上这个人。两个人在言行风格上保持一致的时候，在谈话时往往更容易唠到一块儿去，越说越投机。就像我们倾向于喜欢那些和我们趣味相投的人一样，我们也会无意识地喜欢上一个和我们做派一样的人。

具体来说，就是我们会更容易喜欢上那些姿态动作、遣词造句和我们类似的人。关于这个问题，我们在这本书里将会陆续进行深入的讨论，在这里主要说一下两个如何与对方保持言行风格一致的小技巧：

A. 模仿对方的姿态和动作。比方说，对方把手放进口袋里，那我也可以把手放进口袋里；对方挥动了一下手臂，我则会稍微隔一会儿装作无意识地也同样地挥动一下手臂；对方如果喜欢抱拳，我也假装无意识地偶尔抱一下拳。

B. 模仿对方的语言。设法和对方保持相同的说话节奏。如果对方说话缓慢、轻松，那我们也说得缓慢点、轻松点；假如对方说得很快，那我们

也加快说话的速度；如果对方喜欢用大白话，或者文绉绉地掉书袋、甩词儿，你也应紧紧跟随，亦步亦趋。

>>> 向对方求助，让对方在你面前有成就感

武侠小说家古龙曾在小说中说："世界上你最不喜欢的人是那个你最对不起的人！"研究表明人类的确具有类似的特性，就是更倾向于不喜欢那些曾经被自己伤害过的人。自然，我们不喜欢一个人的时候，当然就会比较倾向于心狠手辣地伤害那个人。不过这里说的并不是那种情况，而是当我们伤害了某一个人时，不管原先是否喜欢这个人，这时就会无意识地倾向于不喜欢那个被伤害的倒霉蛋。

这种无意识心理的目的是为了减弱内心的矛盾冲突。心理学家认为，每个人心里都有一个自我形象，而且往往是正面的，要是我们的所作所为和这个自我形象不符合，那我们就会觉得很不舒服。为了减弱这种内心的心理冲突，我们就会设法合理化自身的行为，竭力把自己打造成正义使者或超人之类的形象，以同正面的自我形象保持一致。而在实际的人际交往中，合理化自身行为的一个方法，就是否定对方、挑对方的毛病。

如果我伤害了某个人，不管是什么原因，都会在我心里泛起一丝小波澜来质问自己说："我为什么这么对待人家呢？"接着我就会为自己的行为进行辩护："我不喜欢这家伙！他是罪有应得！做错了事情的人，必须给他一个教训，让他知道改正，以后再不犯同样的错误。"

这个原理反过来也成立。假设我们给了某某人某种好处、或者帮助了对方，我们就会找人家值得我们这么照顾的理由，结果造成更喜欢某某人。否则的话，人家非常令人讨厌，你还神经病似的不断资助人家，这叫什么逻辑？

同时，通过帮助对方，我们也实现了自我的人生价值，获得了做人的满足感和尊严，当然会捎带着对造成这种结果的人产生好感了。

你也能成为"万人迷"

根据这个原理，如果我们能让对方帮一个小忙，对方就会不由自主地对我们的行为产生正面的评价和情感。人们常常误以为，我们越是给对方好处，对方越是会喜欢我们，而事实并非如此。对方可能会因此觉得我们是一个好人，欣赏我们的热心肠，但却不会因此而更加喜欢我们。人家可能会觉得我们是值得喜欢的人，但是值得喜欢和发自内心的喜欢根本是两回事。

年轻人谈朋友时也经常会有这种情况，某姑娘明知道对方是个好人，但就是喜欢不起来。因此喜欢一个人和认为一个人是好人完全是两码事。

生活中对我们有意义的人际关系，常常是别人喜欢我们，而不是对方觉得我们是好人。要想让对方喜欢你，你得适当地设法让人家给你做事，而不是你光给人家瞎忙活。

>>> 经常自我解嘲，人们喜欢不自以为是的人

与人们的一般想法相反，完美、自信的人格并不会导致喜欢一类情感的产生，卓越的品质并不能让对方更喜欢你。反倒是愚蠢或笨拙的言谈举止更能激发别人的好感。要是你想让某人喜欢上你，你可以在对方面前做点傻事，然后再自我嘲弄一番。不要在做了傻事后一脸严肃地假装啥也没发生。其实，自嘲在赢得他人好感方面的力度是非常巨大的。

当你表现出不把自己当一回事的时候，别人就会对你产生一种亲近感，愿意进一步接近你。喜欢卖弄小聪明或者极其自恋的人喜欢把自己打扮成完美者，这其实并不招人喜欢。我们其实更容易被那些不那么自恋、不那么以自我为中心的人所吸引、并喜欢上他们。自嘲会使你显得更平易近人、招人喜欢。

有些人拼命扮酷、"装范"，其实只会给别人留下过于自恋的印象。这种"脱离群众"的"自信"对我们来说，是没什么好处的。

有人可能不同意这种说法，他们认为人本质上喜欢自信的人，更容易

被自信的人所吸引，也更容易喜欢上自信的人。不过事实是：真正自信的人并不喜欢吹嘘炫耀，他们只是让世界发现自己的价值。吹牛者、狂妄的家伙在内心中并不自信，这样的人根本不会真正引起有眼光的人的兴趣，并吸引他们的注意力。真正自信而有安全感的人，并不害怕自我解嘲，更不害怕让别人知道自己是人，不是神。

总之，人们更喜欢偶尔会出点小洋相，做一个懂得自嘲的人。做人就要不把自己当一回事，承认自己也是凡夫俗子、也会偶尔出错，实际上这却是在向世人表明：我才是真正自信的人！正像《菜根谭》中所说："唯大英雄能本色，是真名士自风流。"

〉〉〉表现出积极进取的人生态度，消极的言行会使人沮丧不快

我们在前面已经研究过，大家都倾向于喜欢那些跟我们类似的人。不过这个原理并不涵盖下面这种情况：

不管自己乐观还是悲观，实际上所有的人，都不喜欢性格阴郁、压抑、悲观的人，而更愿意接近那些开朗、乐观、积极的人。

这是什么原因呢？事实是，乐观开朗的人，且不论做人的其他方面如何，往往待人主动、热情、倾向于积极地评价生活，这些特质几乎总是可以使他们身边的人为之振奋，感到开心和快乐。另外，人大多数都希望自己能开朗乐观、积极向上地面对生活。当发现他人的个性中具有这种自己内心渴望的品质时，自然会因肯定对方而更加喜欢对方。

尽管世界上还是有很多悲观者，但如果他们碰上同样阴郁悲观的人，也照样不乐意与近似的悲观者经常待在一起。因为对方会永不停歇地抱怨万事万物，其中甚至还包括自己，会经常没理由地生别人和自己的闷气，会到处挑刺、找毛病……想到这些，人人都会对这种人望而却步、敬而远之。

当然有人也会问："我们不是常说'物以类聚，人以群分'吗？难道性格

行为举止的人情事故

你也能成为"万人迷"

阴郁、悲观的人会不喜欢跟自己一个类型的人？"当然喜欢了。阴郁悲观的人喜欢和那些与自己一样脾气乖戾的人待在一起，不过仅此而已，共同的性格特质不会让他们之间产生更深的感情。

悲观的人同情与自己一样悲观的人，会陶醉于对对方人格问题的批判中，可是一旦自己的境遇或心情好转了，经常会毫不留情地抛弃那些旧相好。当状态低迷之时，悲观者会在同类人身上寻求温暖；但当自己不再阴郁悲观时，就会立刻抛弃那些悲观者，装作不认识一样。

这是因为悲观的人其实并不喜欢自己的阴郁悲观，因而也不喜欢别人的阴郁悲观。就算是有点对同样的悲观者具有好感，也只是因为与对方在世界观和人生观上的相同而已。而这一点点爱好，是很难跟他们对于悲观品性的嫌弃相提并论的。

2. 初次印象很关键

我的一个朋友瑞敏曾去一家健身俱乐部应聘教练。在她等待时，冷不丁看到靠边的角落里坐着的一位考官很面熟，她突然想起这个人不是在路上与自己和出租车司机发生口角的车主吗？

原来瑞敏应聘之前，路上遇到了堵车。当时间一分一秒地流逝之时，她感觉自己心跳越来越快，非常焦急。虽然不久路就通了，但自己坐的那辆出租车却差一点与前面的小车追尾。瑞敏心里着急，就帮着出租车司机一起教训了前面车的车主，因此双方都很憋屈。

这时的瑞敏发现与自己吵架的车主竟然是考官之一，当时心里咯噔了一下子，赶紧就当前的话题发挥了几句，立即过渡到堵车上面来。说自己来的时候赶上堵车，又着急过来面试，心情有点急躁，半路上还跟一位车主发生了口角。现在冷静下来了，非常后悔，感到十分抱歉等等。说完了再看那角落里的考官，就见人家在那里不出声地冷笑。

那人意识到瑞敏看自己，随即丢出了这么一个问题："要是你在给学员上课的时候，也恰好心情急躁，是不是也会给学员脸色看，臭批人家一顿呢？"

瑞敏赶紧说："当然不会的，对待工作上的关系，我一定会很认真的。"

"对待工作上的关系很认真，但对待马路上的关系为什么不那么认真呢？是没有利害关系就可以任意妄为吗？看来瑞敏姑娘的思想可有点问题啊！"那人不紧不慢地接着瑞敏的话说，"如果仅有较高的技术素质，但思想有问题，也是不能做好工作的。"

面试失败后，瑞敏通过熟人打听，才知道原来那个跟瑞敏发生过口角的车主，竟然是俱乐部的一个实力派副总。虽然俱乐部的管理人员，包括那位副总，都认可瑞敏的能力，但是该副总死活咬定瑞敏的人品有问题，硬是拦下了对瑞敏的聘用。

〉〉〉糟糕的第一印象一旦形成，便难再更改

瑞敏因不慎给人留下不好的第一印象，造成求职失利的教训可谓沉痛。第一印象之所以重要，简单地说就是对某人的第一印象一旦形成就很难改变。以后人们再和这个人相处时，往往总是会戴着第一印象这副有色眼镜来看待这个人。

比如，第一印象中的某人是鲁莽的，那以后我们不管看见这个人如何表现，都会下意识地给对方带上鲁莽的帽子。俱乐部的副总因为一开始就和瑞敏发生过口角，所以会觉得瑞敏人品有问题。以后无论瑞敏如何表现，都觉得她有问题，很难轻易改变。同样，如果我们能给别人留下一个

你也能成为"万人迷"

好的第一印象，那么随后对方就总是倾向于给你一个较高的评价。

>>> 一见到对方就微笑，向对方传达出你的善意

给人家留下良好的第一印象的首个技巧很简单，那就是一见到人家立刻就微笑！因为据科学家们分析，微笑一下就传递出了四种信息：说明一个人很自信、很高兴、很热情，最重要的一点，说明一个人愿意接受对方。

经常微笑的人被看成是自信的人。人紧张或者对自己、对周围的环境缺乏安全感时，是不大可能保持微笑的。

微笑另一方面也传递出快乐的心情，人看见自己喜欢的人当然会很快乐，"看见你很高兴"意味着对对方的肯定和欣赏。

热情在给人留下好印象方面也是必不可少的。热情其实也是一种"传染病"，我们一笑说明我们很高兴能来到现在这个地方、见到眼前这个人。这个信息传递过去了，人家才有可能跟我们热和起来。

微笑还能传递出愿意接受对方的信息，让人家知道你对对方的满意态度。为什么我们很多人都容易接受宠物狗呢？因为小狗没有私心杂念，看见你过来了，摇头晃脑地往你身上扑。从这个动作中流露出一种态度，那就是对人的百分之百接受。如果我们有尾巴的话，见人时也不妨拼命摇起来。问题是我们都没有尾巴，所以就索性咧开嘴使劲笑吧。

微笑在人际交往的全部过程中，自始至终都是很重要的。但是见面就微笑，却在给对方留下良好印象方面作用明显。原因在于人的大脑接受信息的"先入为主"的规律。

"先入为主"的规律意味着，人对于先接收的信息会产生更强烈的印象，接受信息的顺序不同经常影响人对于事物的判断。请看下面两种关于人性格的描述：

A. 冷淡、勤奋、严谨、现实而意志坚定的人。

B. 热情、勤奋、严谨、现实而意志坚定的人。

学者曾经利用上面的两种描述做过一个实验，让邀请来的教授为学生们讲座前，分别把两种不同的描述介绍给学生们。结果看了第一种描述的学生，比起看到第二种描述的学生，普遍对讲座人印象不佳。

如你所见，上述两种描述除了第一个词不同以外，其他的所有字眼都是一样的。我们一旦看到第一个词，随后的其他字眼就通通被过滤掉了，反正这个人不是冷淡就是热情。

第一印象取决于见面第一时刻给人留下的印象。根据上面的原理，如果我们能确保见面的第一时刻给人留下非常好的感觉，那么以后我们交谈的细枝末节就会被第一时刻给对方留下的感觉所过滤。这样，你在第一次与人会面的时候，一定能给对方留下一个极佳的第一印象。

这就是看见人，没等说话就要立刻微笑的原因，微笑可以传递大量信息。就像前面所说的一样，全部都是正面的积极信息，一旦这个感觉在对方的初始印象中扎根，你也就在对方心目中树立起光芒四射的伟岸形象了。

>>> 影响对方的信息储备，在无意识层次影响对方的判断力

另外一个影响第一印象的微妙因素是对方最近的信息储备。具体地说，就是第一次见面时，对方往往会使用那些头脑里最容易回想起来的词语和概念来对你进行定义。

研究表明，那些最近刚刚背诵过自私、孤僻、倔强、粗心等词汇的人，在随后的交往中更容易对陌生人形成负面的印象。那些最近刚刚接触过自信、自立、勇敢、顽强等字眼的人，更容易对随后见到的人产生较好的印象。出现这种情况，仅仅是因为某些词汇和概念在他们的意识中较容易调用出来而已。

他们使用的词汇和概念，很可能和被评价的人是一种八竿子打不着的

你也能成为"万人迷"

关系，可是他们还是会无意识地使用那些最迅速地浮现出意识表层的词汇和概念，把那些跟人家本来没关系的优点或缺点，通通扣到他们碰巧遇见的人的脑袋上。

所以在你跟某人初次见面时，要是那个人最近恰好接触过很多正面的词儿，就容易对你产生良好的印象。假如你是一个求职者，个人简历里已经被加过料了，到处都布满了坚定自信、精力充沛、热情开朗、聪明机智等等正面评价的褒义词，而不是简单地介绍自己的姓名、能力。用有力、具体的正面语言来言简意赅地介绍自己的才智和能力，那些刚刚翻阅过你的简历的面试官，就有可能给予你较高的评价。

除了可以利用文本先期向对方的无意识心理施加影响以外，我们还可以让其他人帮自己的忙。比如在跟一个大客户正式开始谈判前，先派一个助手去接待对方，闲谈的时候不用说任何正经事，说一说"十一长假"期间令人难忘的旅游经历或者一个逗乐的段子就可以。这样一来，客户就会在跟助手的谈话中，接触到很多描述祖国大好河山的壮美、旅伴如何真诚好客、自己如何开心一类的正面词语。等到真正的主角你上场时，那些先入为主的词语和概念就会不由自主地影响客户在跟你谈判时的态度。

虽然如此，但毕竟还是有指望不上任何事物、任何人帮助的时候。这个时候你可以在正式谈话开始前的自我介绍里，自己使用一些正面积极的词汇来表扬自己一番，这么做多少也能起到点先入为主的效果。你隆重推出的那些积极的词汇会跟你的真实形象混合在一起，不知不觉地成为对方眼里你的形象的一部分。

第一印象一旦形成就不好改变，就算是不小心给人家造成了不好的印象，也不是完全没有补救的方法。假设我不知为什么在人前做了一件非常愚蠢且非常不合适的事，千万不要狡辩，狡辩的结果往往是此地无银三百两，越抹越黑。最明智的做法是老实地承认自己的错误，向大伙道歉："我真不好意思。"

这么说有什么好处呢？因为这句话中至少包含了三层意思：第一层，

说明我知道自己错了，同时也意味着我不想再犯同样的错误；第二层，说明我这个人并不自以为是，人们其实喜欢看到别人犯傻、感到尴尬的样子，只要当事人能勇于承担过错的责任；第三层，说明我这个人挺实在，谁不愿意跟实在厚道的人打交道呢？

3. 就这样抬高你的身价

第一印象虽然重要，但时间长了，人们终究还是要深入地相互了解的，光靠良好的第一印象，显然不能一劳永逸。所以在这里，我们还得继续研究点深入性的问题，也就是如何让别人看得起你，把你当成一个有前途的人的问题。

>>> 学会唱高调，自己能值多少钱自己说了算

假设现在有个业余摄影爱好者，喜欢自己拎个相机到处转悠拍个花鸟虫鱼啥的，倒也自得其乐。这时忽然有个人看上了这个摄影师，要求在一个活动中给与会者拍照。可是怎么收费呢？业余摄影师也不是吃闲饭的人，当然不能白干了。

有的专业摄影师一个工作日就能赚到一万块钱。虽然这个摄影师赶不上人家的水平。但也不能一天只收一百块钱啊。那我们先收一天三千咋样？这么说的话，我想你也会忍不住笑出声来说：这怎么可能？

是的，对方有可能会拒绝这个业余摄影爱好者的要求，不过这个人却在交易中树立了一个较高的标准，一个自己想要的标准。这样，等最终按

你也能成为"万人迷"

照一个较少的价码收费时,对方立刻会感到十分高兴,因为他们雇的不是一个身价五百块钱的摄影师,而是一个身价三千块钱的摄影师,而且这一切花了五百块钱!

如何才能让别人看得起我们的问题,本质上其实和摄影师如何跟人讨价还价是一个道理。摄影师的例子其实说明了一个道理:除了你自己,没有任何人会赋予你价值。

"一千个观众眼里就有一千个哈姆雷特"。人总是透过自己的眼睛看世界,这意味着没有绝对的真理,此时此地不正确的看法,情况变化了就有可能被当成是正确的。人们在看待事物时,也经常受到这种相对主义观点的影响。

在一个人或事物的价值是未知的情况下,第一个表态为其赋予某种价值的人的话,常常就是权威的结论。价值在某种程度上本来就是被指认的东西。价值的这种不确定性,决定了通过运用下面两个特殊的交往技巧,是可以改变人们对你的价值的看法的:

首先,我们要学会在与人交往时唱高调。任何还没有确定价值标准的事物,我们都可以为其赋予较高价值。一旦该事物被我们赋予较高的价值,最终多半会被认定为具有相对较高的价值。同时我们个人,也会因为提出较高的价值标准而身价倍增。

在前面那个摄影师的例子中,没人知道雇用一个业余爱好者做摄影师应该给多少钱。既然没标准,那么就可以提出三千块的高价,虽然最后妥协了,但是对方也不敢给这个摄影师一百块钱的低价。在雇用人的眼里,随着价钱的增长,摄影师的形象也因此变得高大起来。

放在工作中,我们与同事讨论业务时,故意放高调,提出一个高标准的构想。尽管实际上不可能实现,但这么做很重要,因为提出了一个属于自己的标准,这样我们就成了一个有主见、有价值的人。别人的意见再正确,也不能漠视我们的存在,必须首先把我们的意见摆平。当然唱高调也不能高得离谱,那样的话大家会觉得唱高调的人是神经病,就没人把我们的意见当真了。

接下来我们看一下这个原则是如何影响我们的日常生活的。假设你逛商场看上一件上衣，觉得这个衣服还不错，但也就卖个七十块钱那样。看完价签才发现，标价竟然是七百块钱，整整差了一个零。你的看法随即发生了翻天覆地的变化，忽然觉得手里的衣服摸上去手感舒服柔软、做工也精致完美，要是不卖一个高价简直是忒浪费了。当然，这不意味着你肯花七百块钱买这件衣服。

但是过了一个礼拜，你冷不丁发现这件衣服降价了——二百块钱就甩，你就恨不得冲上去抢了。为什么呢？因为它曾经被指定一个较高的价值。

〉〉〉物以稀为贵，不要让对方轻易满足

其次，要让别人看得起我们，我们就不能让别人轻易获得满足。这个技巧与影响人和事物价值的另一个因素，也就是容易得到的程度有关。简单地说，越是稀缺的东西，人越倾向于把这些东西当一回事。黄金、石油、钻石都被当成宝贝，为什么？因为它们没有空气和水那么多呗。要想活命，空气和水是不可缺少的，可数量一多，价值就跟黄金、宝石没法比了。可是换一种情况，让你在沙漠里待很长时间，滴水不沾，你就会觉得水更值钱了。让你用一碗钻石换一碗水，你也觉得捡了好大的一个便宜。

那么在人际关系中，我们如何根据这个规律提升自己的价值呢？其实很简单，就是不要让对方轻易满足。比如老板或同事喊你过去修电脑，你二话不说，连跑带颠地冲上去，很快就把问题解决了，但你却有可能被当成可有可无的人。生活往往就是这样的不公平。

4. 用平常心对待一切

也许你会感到奇怪，我们不是一直在讨论如何才能混个好人缘吗，为什么这里忽然变成自信的问题了？其实原因很简单：因为自信的人最美、自信的人最招人喜欢、自信的人最不容他人小觑！镇定自若的人很容易给人以安全感，使我们不由自主地对他们心生好感。反之，那些自己都看不起自己的人，往往很焦躁、懦弱，相对缺乏人格魅力。假若我们一直是一副唯唯诺诺、畏畏缩缩的孬种样子，人家怎么可能喜欢上我们、对我们印象更好、看得起我们呢？

>>> 合理调节饮食可以增强自信

有些人在重大会议、重大活动与某某大人物见面时，经常会紧张得不行、茶不思饭不想，从而会把本来很有把握的事情搞砸。如何才能解决这个问题呢？这就要说到镇定和自信的问题了。一个人想要表现得镇定而自信，首先可以通过控制饮食的方法在一定程度上缓解焦虑心理。

当我们处于应急状态时，比如面临别人的攻击或者巨大的考验时，肾上腺素就会大量分泌，人就会变得焦虑、紧张。这种焦虑、紧张在应急状态提高人的反应能力方面，当然是非常有必要的，但是有时也会起反作用。在相对普通的社交场合下，肾上腺素大量分泌导致的焦虑、紧张，也会使人显得神经兮兮的。

人吃了含糖量较高的食物或者比较精细的米面等碳水化合物食品时，身体会自动产生大量肾上腺素，以调节血糖浓度。原因在于上面两种食物会降低我们血液里的血糖浓度，所以要产生一些肾上腺素来弥补损失。这个时候，人也会显得比较紧张、焦虑。这就是那些习惯于吃很多甜食或精细碳水化合物食品的人，经常看起来很紧张很敏感的原因。因此，不当的饮食绝对可以影响一个人的心理稳定状况。

在美美地饱餐一顿后，当然前提是没疯狂纵酒，你肯定会有一种放松和平静的感觉。原因在于你的血糖水平很稳定，身体也没有产生大量的肾上腺素以弥补血糖水平的变化。

做饭时不要太精工细作，同时尽量少吃，是最理想的状态。这可以保证你的血糖水平稳定，心平气和，相对地沉着冷静，就会显得比较有自信；同时也不至于因吃得太多，以至于思维、行动迟缓。

〉〉〉做看上去自信的事情，自己就会变得自信

想要表现得镇定自若的第二个技巧，就是做那些可以使你显得镇定自若的事情，这样你就会真的镇定自若起来。

这个技巧有两层含义：

首先，在某一个特定的时间，为了克服当前的紧张焦虑情绪，我们可以通过做一些使自己显得镇定自若的事情，来克服压制当时的消极情绪，如此我们就会变得真的镇定自若起来。

其次，从长期来看，通过有意识地进行某些可以使你显得镇定自若的行为，而避免其他可以使你显得紧张的行为，你就会慢慢地积累自信，获得镇定自若的心理品质和镇定自若的言行风度。

在即时增强人的自信心方面，最重要的两种身体因素是笑与呼吸。要想使自己显得自信，就要经常笑。笑是全人类通用的身体语言，通过它可以告诉别人你现在心情不错、对自己感觉挺好。也有大量研究表明：笑有使人镇定、放松的功效，有助于增强你的自信心。

行为模式一旦改变，大脑中就会有相应的生化反应发生。研究表明，

你也能成为"万人迷"

人一笑心情就自然会有某种程度地好转。一般都认为，人心里高兴了脸上就会笑。这个当然没问题。不过另一方面，很多证据表明，笑本身也能改变人的精神状态，使人感到更开心。相反，要是你皱一分钟的眉头，情绪就可能立刻变得更坏。情绪固然反映着身体状况的好坏，身体状况的变化也能影响情绪的变化。

人最紧张的时候，会下意识地屏住呼吸。这估计是从原始社会时留下来的，那时的人怕敌人或野兽发现我们的动静、跳过来攻击我们，所以才会屏住呼吸。有节奏地深呼吸可以使你立刻平静下来，集中精力进行思考、应对、自信满满地表达自己。

根据以上原理，我们可以额外学一招察言观色的本事，即如何确定人们是否感到很紧张。方法就是看对方是否正在微笑或者是否有节奏地进行深呼吸。如果不是的话，就说明对方现在多半有点紧张。至于怎样判断对方的呼吸是否有节奏，可以从对方是不是每隔一段时间就长出一口气来判断。这种反应说明对方呼吸没什么节奏也不深，需要不时长出一口气来获得足够的氧气。

除此以外，科学家还发现一些更有意思的事儿。也就是说人的感情，不仅仅植根于精神层面，也植根于身体的每一个细胞、每一个器官、每一块肌肉之中。要想获得长期稳定的情绪和良好心态，可以尝试练气功、做瑜伽或其他类型可以伸展肢体的运动。身体的状态在一定程度上决定着精神状态。在办公室劳累了半天，你站起来伸了一个懒腰，身心立刻会感到非常轻松。这是什么原因呢？这是因为心理压力通过身体的伸展得到释放了。

人的中枢神经系统由大脑和脊髓构成。除非你也把脊髓放松了，否则精神是不可能完全放松的。你看那些特别敏感和神经质的人，他们的身体一般都显得特别紧张僵硬。身体紧张，精神就放松不下来。身体的紧张释放了，精神上也就不那么紧张了。

5. 你也能收获恋爱"大满贯"

俗话说："不是一家人，不进一家门"，根据"物以类聚、人以群分"的原理，人们常常更容易爱上那些跟自己类似的人。可有些人与我们一点也不一样，我们本来应该不爱对方，实际上却差点被对方迷死。为啥会是这样呢？秘密就在于对方利用或者无意中恰好符合了我们的偏好。这样做虽然很傻，但就是不可救药地觉得对方的魅力不可阻挡。

每个人都有一些特殊的偏好，善于使用技巧，就可以最大限度地表现出自己的优点，并利用异性对某些因素的偏好，影响对方对我们魅力指数的评价，从而爱上你。

>>> 一起做点刺激的事情，激发对方的情欲

这里要介绍的技巧，在帮你赢得更多的与人会见方面，可说是超级有效果的。可以说就算你花大价钱整容、置办奇装异服或者有个很好的工作，也不一定比这招好使。

人在某种程度上是受激素控制的。前面曾经提到说，人在应激状态会产生大量的肾上腺素。当身体产生大量肾上腺素时，不仅会变得更加兴奋，同时还会变得更加渴望异性。如果此时恰好有异性在身边，就会觉得眼前的异性很顺眼，对对方产生性欲。

任何强烈的刺激，比如恐惧、兴奋、运动，都能导致肾上腺素的大量产生，如果机缘巧合，就会导致激情的产生或者强化。美女遭遇强徒威胁，吓得半死，英雄跳出来拔刀相助，美女最后多半要对英雄以身相许，

你也能成为"万人迷"

原因并不仅仅在于被对方的人格所倾倒，其实是有生理学基础的。

人在受到强烈的刺激时，不管刺激的来源是恐怖事件还是游乐场里的过山车，受到刺激的人最后常常会无意识地感受到一种冲动和快感。在这个过程中，还存在着一种移情，受到刺激的人，最后都会部分地把刺激产生的根源，归结到和自己在一起的人身上。

有时候，我们看到一对男女在一起如胶似漆，但是从纯粹审美的角度，会觉得俩人非常不般配。可他们为啥会相爱呢？原因很可能就在于他们定情的那个阶段，两人或至少其中比较优越的一方恰好因为某种原因受过很强的刺激，从这种事件中感受到了巨大的快感。再有，一些异性男女，见面会像斗鸡似的互相攻击、嘲讽个不停，最后却有可能走到一起，其原因也在于此。

追求女生时，男生往往喜欢请女生出去找乐子，有些人可能"知其然而不知其所以然"，不过无论如何，这种想方设法给对方强烈感官刺激的招术常常是有效果的。想来，胆大妄为的"坏男人"肯定是要比唐僧型的老实男人更能给女性带来惊险和刺激，从而更容易赢得女性的爱慕。难怪人们常说"男人不坏，女人不爱"呢。

>>> 精神抖擞地走路，让青春的力量在你身上跃动

青春是外貌美的重要组成部分，是人们选择异性伴侣的重要标准。但人们为什么更喜欢年轻一些的异性呢？对此人们有各种各样的解释。最常见的一种说法认为人们更喜欢年轻的异性是一种古老的生物本能。年轻貌美的女子看上去是最适合生儿育女的，容易激发起男人的欲望。年轻健壮的男性则显得更有男子气概，除了在生殖方面具有优势外，还可以更好地保护女人和孩子的安全，为她们提供更充足的物质保障。

不过谁又能永葆青春呢？幸运的是，研究表明，表现得充满活力跟相貌上的年轻一样构成对异性眼球的吸引力。在人的举手投足中，最能展现

一个人活力的要数走路的姿态。比起走路懒洋洋的人，人们明显更青睐欣赏那些走路时看起来比较有精神头的人，而不管这两种人的实际年龄是怎么样的。一个人可以精神抖擞地走路，意味着其下肢有强劲的力量，这无疑也隐秘地指向性爱的力量。

精神抖擞地走路的人，他们的动作和体态具有什么样的特质呢？那就是柔韧性。注意观察一会儿小孩儿和老年人的举止，你不难发现：小孩儿跟老头、老太太的最大不同就是他们身体的柔韧性。婴儿躺在床上，你把小家伙的小腿快掰到他的脑门上了，他还傻兮兮地看着你笑。你要是敢这么跟一个老大爷开玩笑，他就得老大耳刮子抽你，然后赖上你去你们家养老了。

现在很多地方都有气功和瑜伽训练班，练习气功和瑜伽可以在很大程度上改善身体的柔韧性，使你变得身手敏捷，给你的走路姿态带来革命性的变化，让人们看了你有耳目一新的感觉。

>>> 不断正视对方的眼睛，让心灵通过"小窗户"直接对话

只是不停地看对方的眼睛，实际上就有可能使对方爱上你，你肯定不知道这个秘密吧？不过这是千真万确的，很多关注情感和恋爱的研究者都不约而同地得出过这个结论。在一个实验里，两组素不相识的陌生男女被要求互相盯着看对方的眼睛两分钟。结果表明，简单的互相看着对方的眼睛，使所有人都对对方产生了不同程度的爱慕之情。

当然，这里所说的爱情是一种本能的情感反射，并不是一定会导致恋爱或者婚姻。你要是已经穷得快卖裤子了，人家一旦发现了真情，还是会很快就从暂时的催眠状态中醒悟过来的。不过这种感情，在条件成熟的情况下，的确可以成为恋爱和婚姻的基础。

跟心仪的某人说话时，你就可以使用这个技巧。不管说还是听的时候，都要认真地看着对方的眼睛。一般情况下，我们跟人谈话时，如果是

你也能成为"万人迷"

普通关系，只是偶尔会看一下对方的眼睛，或者扫视一下对方的脸，所以看的时候，动作也不宜过分激烈突然，以免打草惊蛇、欲速则不达。

>>> 红花还要绿叶衬，见面时单刀赴会或带个有魅力的异性同伴

当我们想"忽悠"某个人，使之对我们产生兴趣时，最好一开始就一个人去找对方，要是实在缺乏安全感，也可以带上一个不同性别、但是却很有魅力的人做跟班。之所以这么做，有两个原因：

我们判断一个人是否有魅力，通常并不是根据对方的绝对水平，而是通过与其他人的对比做结论。这种情况在互相缺乏了解初次见面时尤其明显。在这种情况下，我们评价一个人是否有魅力，往往会拿跟对方在一起的人做参照物。比如研究表明，那些喜欢经常在电视或画报上看时装模特表演的男人，会慢慢习惯拿那些万里挑一的时装模特作为美丽女性的标准，会越来越觉得别的女人，包括他们的老婆、女朋友，都不上档次。

你认识了某某人，在对方有机会深入了解你、受到你使用的各种技巧影响之前，对方判断你是否有魅力的基础就是你的外表美。在这个时候，你要是希望这个人觉得你很有魅力的话，记得千万不要和那些与你属于同一个性别而且更有魅力的人同时出现在对方面前。相形见绌的对比，会使人家越发不齿于你。

当你去见某某人时，尤其是第一次见面时，还要尽量避免与一个同性的特别没有魅力的人一起去。这是因为，在认知上人倾向于把一个团队的人当成一个整体来看待。傻蛋的朋友当然还是傻蛋嘛！

在这种情况下，你最好要么就是一个人单刀赴会；要么就是找一个跟你性别不同而超级有魅力的人同行。这么做你就可以为你施展我们在这几节所介绍的各种社交心理技巧争取时间。

为什么跟一个有魅力的异性去见人家就不会出问题呢？原因在于，人在认知时，当发现团队里个体的差异明显多于共性时，会把目光集中投射

去关注他们的共性。换言之，你和一个富有魅力的异性同行，人们会不大注意你们之间的区别——你们本来就是不同的，但仍旧把你们当成一个整体，你的个人形象将因为同伴优秀品质的衬托而增色不少。

〉〉〉在对方的自尊心最脆弱时，发动求爱攻势

如果我们觉得自己的魅力很一般的话，也可以使用下面介绍的这个技巧，使我们在与异性最初的邂逅中，看上去比实际上显得更可爱一些。这个技巧要求我们在跟对方最初的交往阶段中，要故意做出不在乎对方的样子，故意找点借口伤害一下对方的感情。

有一个研究表明：在初次见面时，如果一个女子的自尊心被男性伤害了，比起自尊心被满足的情况，女子就会觉得对方更有吸引力。类似的例子真是举不胜举。我们在很多影视剧里都看见过类似的场景：男主人公出于某种原因对女主人公不怎么热情，结果人人仰望的女主人公却唯独对这人情有独钟！

后来打听明白了，女主人公看上这个人的原因，竟然是别人都追求自己，唯独这人不为所动！这不是太荒唐了！正如在小说《天龙八部》中一样，萧峰一心喜欢阿朱，不看阿紫一眼，结果阿紫就被折磨得醋性大发，爱萧峰爱得要死要活，豁出去一切也要和萧峰在一起。

话说回来，女主人公或其他人为啥会这么做呢？其实这可能并不是真正的爱情，更可能是一种宣泄。其实就是人自尊心受到伤害后，陷入一定程度的自卑，自然就会对处于优势地位的异性给予较高的评价。

显然，这种感情并不是完全客观真实的。其实笔者倒觉得这样的爱情不要也罢，但是"一千个读者眼里就有一千个哈姆雷特"。每个人都有自己的想法，用不用这个技巧，就看各位的选择了。

不过有的人比较懦弱，宁愿自己打光棍，也舍不得做任何事情伤害梦中情人的事，这里还有一个改进版：就是当对方最近刚遭遇过某种挫折、

你也能成为"万人迷"

自尊心正非常脆弱。换句话说，就是刚被别人所伤害过的时候，你必须抓住机会在对方面前及时出现，自然对方也会觉得你很有魅力。刚刚失恋的人有时会迅速地投入一段新的恋情，跟一个在正常情况下根本不可能看上眼的人眉来眼去、打情骂俏，就是这个原因。

想来，除了自卑心理以外。迅速地找到下家，以向伤害自己、藐视自己的人示威，证明自己的价值，很可能也是对方此时复杂心态的因素之一。

另外一个让对方爱上你的绝招，是在对方跟一个更有魅力的人在一起时，去接近对方。研究表明，人出现在比自己更漂亮、更优秀的人面前时，会对自己的能力、对自己的相貌感到自卑——这也相当于被伤害、遭遇挫折。在自尊心备受煎熬的同时，他们会倾向于对异性给予较高的评价。

此外，在潜意识中，通过显示自己拥有更好的人际关系——包括异性的仰慕关系，对方也实现了对于那个伤害了自己的自尊心、比自己更漂亮、更优秀的人的绝地反击！

>>> 大胆说出你的爱，不要跟爱情捉迷藏

正如上一节所说，想让人家喜欢你，必须先告诉人家你喜欢人家；所以，想让人家爱上你，你也得先告诉人家你爱人家。

研究表明：当两个条件般配的异性，发现自己看着顺眼的异性恰好也对自己跃跃欲试的时候，这两个人百分之百会坠入爱河。我们不仅会喜欢那些喜欢我们的人，我们还会爱上那些爱我们的人。

这是因为爱情得以持续发展的一个重要因素是双方有结合的希望。要是你看中了一个美女，人家却对你一点不感冒，你光一头热乎，不能得到对方及时的鼓励，你的感情就会越来越弱。希望是爱情得以进一步发展并开花结果的重要推动力，发现对方也喜欢自己，会让人产生一种希望，觉

得两人的关系有继续发展的可能，于是越发认真、热情、积极主动地发展双方的关系。当双方都被对方的示爱所鼓舞，竭力向对方靠拢时，感情的发展当然就会特别顺利。

6. 把爱留在身边很容易

俗话说：好人出在嘴上，好马出在腿上。我们可以说：人的一生，除了做事就是说话，如果一个人不会说话，总是很吃亏的。谈恋爱也是一样，要想赢得爱神丘比特的青睐、要想爱情之树常青，就必须学会说话，哄心上人开心。下面，我们从六个方面，说说如何与自己喜欢的异性说话这个问题。

>>> 嘴巴未动，身体先行：用身体语言向意中人致敬

与你的心仪对象见面时，首先得用身体语言把自己的爱慕之情传递过去，你得用身体和人家说：我爱死你了！

使用身体语言很隐秘，杀伤力也很强大。因为身体语言影响的主要是人的无意识，较少受到世俗功利心理的干扰。另外，对方往往会认为身体语言是无意的自然流露，把接收到的信号当成是身体无意识的外在表现，所以也就特别相信其真实性。

第一眼看见对方的时候，可以故作惊讶地摆出眼前一亮的架势。还可以深深地看对方一眼后，又迅速地移开眼睛，然后再把眼睛挪回来，做出好像对方是一块"磁铁"，你的眼睛想摆脱也摆脱不掉的样子。

你也能成为"万人迷"

谈话的时候,要尽量保持频繁的眼神接触,确保身体正对着对方,略微朝对方前倾,面带微笑,温柔地不断点头表示赞赏。

总之,你的身体要显示出一副身不由己被对方迷住的样子来。

>>> 关注心上人的生活细节

人们常说,会说的不如会听的。很多人,尤其是一些小男生们以为:和女生在一起的时候,应该显示自己的远见卓识,这样对方才会喜欢自己。错!要是你想让对方爱上你的话,尤其在早期的交往中,让对方多说要比表现自我的丰功伟绩有效得多。

一旦开始正式的谈话了,为了表达你的敬仰之情,你必须无条件地认可对方的形象、性格、所作所为等一切品质。如此一来,你们双方就有可能产生一种臭味相投、相见恨晚的感觉。你越是对对方表示认可、赞赏,对方越是高兴、越是会人来疯地跟你说个不停。

有很多人认为:"别人的事再大也是小事,自己的事再小也是大事。"每个人都在内心深处,把自己当成是宇宙的中心,把自己做过的一切事情都看成是伟大或至少也是值得纪念的。如果这时人们发现竟然还有人跟自己持有同样的看法,就会觉得特别激动。让人们产生这种感觉的一个方法,就是关注对方鸡毛蒜皮的生活细节。

夫妻或关系密切的恋人,会用互相关心对方生活琐事的方式表达对对方的关心,比如问一些有关吃饭、刷牙、穿什么衣服之类的闲话。关系还不靠谱的男女,也可以用这种关心对方生活细节的方式,营造亲密的气氛。

比如第一次跟心上人见面时,对方跟你提起说自己喜欢喝黑咖啡,隔了一段时间你就可以跟对方重新提起这个话题。对方意识到,你连自己随口说说的事情,都记得那么清楚,心里当然感动死了。

有些特别有心计的人,会专门把心上人上一次谈话时关注的事情认真地记录下来,然后下一次见面或联络时就可以有的放矢地忽悠对方了。

>>> 开一些只属于你们两个的私人笑话

幽默总是最有效力的人际关系润滑剂。要是你和你的恋爱对象之间，有一些只属于你们两个人的私密笑话，你们之间就会建立起一种特殊的感觉来。

具体方法是这样的：如果对方跟你讲了一个生活故事，选择对方感到最有意思的细节记下来，然后根据这个细节编一句调侃的话或者一个笑话，然后一有机会就跟对方说一下，两人一起回味一下那种特殊的感觉。

不过开玩笑的时候，有几个方面需要注意。第一个是玩笑的素材必须是对方出彩而不能倒霉的故事。有些人喜欢拿别人倒霉的事情，比如弄洒饮料、丢钥匙、丢钱包或者踩香蕉皮摔了个四脚朝天之类的糗事说事。总拿那种事情开玩笑，只会招人讨厌。

第二个需要注意的事情是，对方跟你说了故事以后，第一次拿那件事开玩笑的时机应该适当推后。这个时间间隔越长一些，对方的感动程度就越大。

>>> 学会赞美你的心上人

需要指出的一点是，甜言蜜语和世界上的任何事情一样，都必须循序渐进。关系一般的时候，如果我说得太离谱，对方会觉得我在忽悠他（她），一点也不会领情。因此，在交往进行的过程中，随着对对方的情况不断深入了解，也随着相互关系的密切，为了赢得爱情，你还得学会顺情说好话，把自己的赞美无条件地奉献上爱情的祭坛，任由对方陶醉。凡事都较劲认真，用算数学题的派头谈恋爱，那可注定要失败。

◇顺情说好话

所谓"顺情说好话"，就是无条件地认可对方的个性、品质和所作所

行为举止的人情事故

你也能成为"万人迷"

为，不管对方说啥做啥，你都得一个劲地说好。

比如说晓岚和雅丽谈论自己过去跳槽的事儿，好脾气的雅丽，在交流过程中就采用了顺情说好话的技巧。在非原则性问题上，避免跟晓岚产生任何争执：

晓岚："我开始的工作可没意思了，干了一段我就辞职了。"

雅丽："嗯，敢作敢为，你还挺有魄力的。"

晓岚："哈哈，然后我就去上夜校充电学会计。"

雅丽："学会计很有前途的。"

晓岚："是啊，我也这么想。"

雅丽："你的新技术后来找到用武之地了吗？"

晓岚："必须的！我就因为懂会计才进的现在的公司。"

雅丽："你还真有一套啊，晓岚！我就知道你是个有心计、有能力的女孩子。"

女性在肯定男性方面，基本都没有心理障碍。可有些男性并不习惯捧女生，这就是男人天性中的好胜心作怪了，因为他们觉得总顺着别人说，会显得自己很卑下。

但从另外一个角度看，我们也发现，越是成功的人，越是倾向于肯定别人。这是因为他们有足够的自信，不介意别人的优秀会超过自己。所以，赞赏女性实际上会提升男人在对方心目中的地位。另外，女性之间的社会等级没有男性那么森严，她们看待来自男性的赞美时，会套用自己跟同性交往的经验，一般也不会把赞美跟尊卑联系起来。

◇ **用暗示的方法赞美你的心上人**

人们在关系不太熟的时候，往往或多或少地心存戒意。直接拍对方的马屁，有时会显得太露骨。此时，用暗示的方法赞美对方，就可以避免这种效果。即使是对方跟你很熟，也会觉得这种隐约的赞美更真实，是发自内心的肺腑之言。

暗示赞美法的一种模式是欲扬故抑，在贬抑性的上下文里，假装无意地赞美对方的优点。比如你可以这样赞美对方的青春活力："你太年轻了，根本不可能记得那个时候的事情……"，你也可以这么赞美对方的美貌："虽然对你的个性了解还不多，但仅凭相貌条件，你这种水平去演电影绝对没问题。"

另一种暗示赞美的模式是，把对方放在一个特殊的集团里，通过赞美一整个集团的人，达到赞美对方的目的。比如你可以说："那些真正漂亮的人，比如说像你这样的吧，根本就不用学习那么好。"或者："像你这么聪明的人一般都不可能犯那种低级错误。"

◇赞美心上人自己最得意的方面

关系发展到一定程度后，就可以放开步子，公然奉承对方了。大多数人在赞美对方时，会选择那些自己喜欢的方面，不过要是你肯赞美那些对方自己觉得很自豪的方面，就会收到更好的效果。要做到这一点，需要有点察言观色的本事。在对方说话时，要注意观察对方的神情举止。如果对方在说起自己的某个方面时，脸红眼亮、面露微笑，甚至手舞足蹈，那对方肯定对自己的这个方面的优势很自豪。

需要注意的是，人家最引以为骄傲的，不一定是人家最大的优点或长处。价值往往是相对的，每个人的心理需求都不一样，有时候还需要考虑一个物以稀为贵的因素。比如一个绝代佳人平时总听见别人夸自己漂亮，耳根子都快磨出子了，比起别人夸自己漂亮，有可能更喜欢听别人夸自己聪明。一个事业成功的中年企业家，已经厌倦了别人赞美自己才智过人，有可能更愿意听别人说自己相貌英俊。总之，你的赞美越贴近对方的自我评价，对方越会感到高兴。

◇赞美心上人的独特之处

一个人的价值大小，在某种程度上，取决于这个人的独特性。对他人最高的评价方式之一，就是承认对方的独特性。比如你可以赞美对方说："你可真逗""你的眉毛真好看""我还以为你是舞蹈家呢，你跳得真好""你这双手真好看，又白皙又修长，好像是钢琴家的手一样"等等。

你也能成为"万人迷"

赞美对方的独特之处时，注意要言简意赅，不要拖得太长。要不然对方有可能在遭到强烈忽悠的情况下，因为不好意思而意乱情迷，不知道说啥才好。

另外，赞美的震撼力跟频繁度有一定的关系，尤其在赞美对方的独特之处时，不能过于频繁，太频繁了就没有杀伤力了。一个月说一次就可以，不要太多。

还要注意的是，我们的赞美要符合对方的身份、切合对方的自我评价，不能太不着边。举例说，我与一个刚走下舞台的歌手说："你的舞跳得可真好，那些伴舞的都没你跳得好。"或者跟一个舞蹈演员说："你真会化妆，化得太漂亮了。"其实我这么说，是在侮辱人家的专业，人家听了就未必高兴。

◇赞美要因人而异

一百块钱对一个北京的大老板来说就和纸片一样，但是对一个西北地区的农民来说却是一笔不小的收入。人的条件不同，对同一事物的评价，就不会完全相同。同样都是赞美，对象不同，对人家的杀伤力就不会一样。拍那些相貌特别出众或者事业非常成功的人的马屁，你就得多下点工夫。那些人已经习惯了听别人说好话，对一般的马屁根本就不怎么感兴趣。

研究表明：相貌不那么英俊潇洒的人，更看重别人的赞美。这有可能来自他对别人对自己相貌的认可饥不择食。越是相貌一般的女子，越希望别人把自己夸成艳光照人的白雪公主；越是平常普通的小青蛙，越希望人家看走眼了把自己当成是骑白马的王子。类似的，事业不怎么兴旺发达的人士，则对别人表彰自己的个人能力甚为感动。

◇心上人做了光彩的事情要立刻赞美

接下来要说的赞美技巧是非常民主平等的，不管对方相貌如何，都可以相机使用。那就是对方一旦做出了什么稍微值得骄傲点的事情，要立刻冲上去进行赞美。这个问题含糊不得，你要是稍微慢一点，对方就会对你不满，就算移情别恋那也没什么好奇怪的。

　　人做了什么出彩的事情，往往得意扬扬，急于获得别人的肯定，要是不能从心上人那里得到这个，对方就会觉得很不开心，进而怀疑你对人家的爱。

　　需要注意的是，在这种情况下给予的赞美必须尽可能地唱高调。要是对方觉得自己做的事情很震古烁今，你却轻描淡写地说了一句："干得不错。"对方当然会觉得很失望。由于事发突然，就算你说得离谱点，人家考虑到你第一个冲上来，也仍然会高度评价你的所作所为的。

〉〉〉不可辜负好意，热情响应心上人的赞美和关心

　　有人说过分谦虚就是骄傲，这在有些情况下的确是真理。比如有时人家把我们夸得像花一样，但我们却冷冰冰地说："根本就不是那么一回事！"一口就把人家回绝了。此时拒绝赞美，其实就是对友谊关闭大门。

　　在社会上，别人赞美自己的时候，正确的做法应该是淡淡地向对方表示一下谢意，既显得自己自信有风度有分寸，又不得罪人。或者实在不好意思接受肉麻的颂扬，也可以用类似这样的话回应人家说："哪里啊，只是运气好而已。"

　　与心上人甜言蜜语也是同样的道理。人家好心好意地赞美了我们，我们却漫不经心地说了一句："别扯了。"那人家该有多伤心啊！除了对心上人的赞美表示感谢，还可以回夸对方说："你真好！"或者"你可真有眼光。"

　　类似的，心上人跟我们聊天，问起家人的情况，这虽然不是赞美，但也是一种善意的关怀，那么我们就应该给予积极的回应。比如我会说："他们挺好的，谢谢你关心啊。"又比如人家问："这个假期去哪里玩了？""谢谢你关心，去北京转了一圈，要是跟你一起去就更棒了。"或者对方又问："你烫头发啦？这个新发型蛮好看的。"我则会回应说："嗯，谢谢你，你眼

你也能成为"万人迷"

睛可真尖！我最近发现一个手艺特棒的师傅，介绍你认识好不好？"

>>> 喊心上人的小名，唤醒对方对以往美好生活的回忆

喊心上人的小名，堪称是两性沙场的又一温柔绝招，用这个方法管保可以让对方就范。我们几乎每个人小时候都有小名。按照老年人迷信的说法，小孩子起个贱名好养活，比如大宝子、小顺子、二丫、二狗子、丽丽之类。小名一般流行于熟悉的亲友、同学、好友之间，随着年龄的增长，往往就不再使用了。

比如，我有一个要好的哥们，虽然彼此都一把年纪了，但每次见面他都用小名称呼我。虽然我那个小名不怎么好听，可是每一次听见他这么喊我，心里就有一种非常温馨的感觉，感觉自己好像穿越了几十年的时空隧道，重新回到了最真最美的童年。

童年经验和与童年有关的小名，在人的深层意识中有着非常深刻的印迹，往往可以激起许多美好的情感。如果你能打听出心上人的小名来，经常在嘴边亲亲热热地喊着，你就掌握了唤醒对方美好记忆的钥匙，对方就会对你产生更强烈的好感。

不过需要注意的是，要是你的心上人有过一段不幸的童年，提起对方的小名，就会起到相反的效果。这就要求你，在最终决定使用喊小名这个技巧前，对对方的生活经历有一个准确的了解。

>>> 用委婉的方法示爱，告诉对方自己爱对方的原因

最后一个有关甜言蜜语的技巧，是针对关系已经发展到一定程度的恋人的，如果你有心思跟对方白头偕老、海枯石烂不变心的话，你就可以用这招。

学者研究发现：不断地向小孩子灌输他们很伟大的思想，他们成年后

就很可能真的做出一些了不起的事情。同样的道理也适用于两性关系，假如你不断地鼓励你的爱人，告诉对方你非常欣赏和崇拜对方的某些品质，对方最后就有可能按照你的兴趣取向保持并发展自己的某些品质。

　　人们相互爱慕往往有各种各样的原因。可是，当情人们的关系发展到一定程度时，直接地向对方宣称"我爱你"，常常成为一种不再适合的形式。告诉对方自己爱对方的原因，把侧重点放在原因上，实际上是在用不损失自尊的方式，重申自己的爱情，同时还可以鼓励对方保持、发展自己的这些品质。这对于巩固和维持双方的感情是很重要的。爱情需要鼓励，爱情也需要安全感。

　　具体操作起来需要克服的主要是面子问题。你心里是怎么想的就怎么跟对方说，千万别犹豫，大胆地说出你之所以爱上对方的原因，为了爱情没什么不好意思的。比如，你喜欢对方傻笑的样子，你就经常跟对方说："我可爱看你咧开大嘴傻笑的样子了。"要是你很欣赏对方对女同胞的体贴，你就隔三岔五地提醒他说："和你说你都不相信，我当初看上你就因为你肯洗碗。"

7. 人人都有小秘密

　　到底是什么因素决定了一个人会爱上另一个人呢，这是一个众说纷纭的话题。实际上大多数人在初次和异性见面时，都会存有一定戒心。很少有对对方一无所知，却一见钟情的情况出现。这实际上意味着对于那些体貌、个性和背景相差不是特别悬殊的男女来说，双方相爱或者不会相爱的可能性是均等的，他们最终相互靠近还是疏远，往往取决于相互之间的交

你也能成为"万人迷"

往方式。

有的人也许会觉得外貌、个性和经济因素，在恋爱的发展过程中所起到的决定性作用更大。比如要是外貌对两个人能否相爱影响很小的话，为什么人们选择恋爱对象时会那么重视对方的相貌呢？

其实这只是一个巧合现象，实际上人们挑剔对方的相貌，往往并不是重视相貌，而是重视对方跟自己的相似度。人喜欢跟自己类似的人待在一起。要是你仔细考察一下就会发现，人们重视相貌，并不是无限绝对地强调相貌的完美，人们真正喜欢和选择的伴侣往往是那些和自己在相貌水平上差不多的异性。嫌弃对方难看的真正意思是说对方没自己好看，跟自己不般配。

一个很漂亮的人与一个容貌稍差的人生活在一起，容貌稍差一些的经常会产生压力，觉得很不舒服。有些人不久之后就会丧失理性，把对方当成神仙来崇拜，甚至会把自己看得一无是处，做出一些不聪明的事情，结果两人的关系就会出现很多问题，根本没法发展下去。

事实上，"鲜花"可以"插在牛粪上"，而且还可以插得很滋润、很陶醉、很幸福。要是我们注意研究一下的话，就会发现，在相貌水平相差悬殊、而双方又很恩爱的男女关系中，"牛粪"一方往往在社交方面具有特殊的优点，比如为人很自信，具有出众的口才，善于为人处世等等，在情爱关系中居于主控地位——这些优势有时得益于经济条件优越，但并不总是的。

类似的，经济和个性方面的差距，也是同样的原理，并不直接地对两性关系造成影响。在人际关系中，一方面的积极态度往往导致对方积极的回应，一方面的消极态度往往导致对方的消极回应。如果我们能在和异性的交往中采取恰当的技巧和方法，就可以激发对方的正面情绪，引导两个人的关系越走越近。

简单说来，在恋爱关系中占据上风的技巧就是：在跟你深爱的人交往时，你必须采用跟不喜欢的人交往时一样的方式。

>>> 不要太黏糊，让人家觉得你很不自重

人最想得到的是他们得不到的东西。使自己太容易被别人得到，实际上是在贬低自己的价值。吸引力是相对的，所以它不是一成不变的东西。你对他人的吸引力在很大程度上不取决于你是何许人或者你长成啥样，而取决于你的稀缺程度。

物以稀为贵的原则适用于社会生活的很多方面，在恋爱中也不例外。遍地都有水，所以水不被重视；而在沙漠里，一点水就可以达到珍珠的价值。

在谈恋爱时，如果你对对方并不感兴趣，就只会在特别空闲的时候赴对方的约会；要是对方是你日思夜想的人，你必然会不惜旷课、旷工也要跑过去跟对方缠绵。不过这么做可不是什么明智的做法！明智点的做法是应该反其道而行之！

与那些我们不太感兴趣的人交往时，就算不天天请人家吃饭，也要至少每天打两次电话，除了闲扯还要经常一本正经地和对方探讨婚姻大事。只要长次以往，对方必然会吓得屁滚尿流，退避三舍。这样我们不就能清闲自在了吗。但是在跟我们真正喜欢的人在一起时，就不要做得过于亲密。

有人也许会问，前面不是说过，要想让对方喜欢自己，必须经常在对方面前露脸，这两种说法不是很矛盾？

其实事情是这样的：如果我们想让对方——不管对方是男生还是女生——喜欢自己，当然得经常在对方面前晃悠，让对方熟悉了解我们。从陌生人的生疏到熟人的喜欢，自然需要经常在对方面前露脸。不过异性对我们的喜欢并不等同于爱情，喜欢只是爱情的基础。

当这层关系往前再继续深入发展，比如达到可以勾肩搭背什么的；或者达到搂搂抱抱的程度了，很可能会产生审美疲劳，互相腻味。这时就得

你也能成为"万人迷"

适当限制自己的出镜率,让对方不那么容易接近自己。通俗地说,就是吊吊对方的胃口。

>>> 有自己的事情做,找到除爱情以外的人生支点

在与异性的交往过程中,应该注意同时培养自己多方面的兴趣爱好。要是我们只能从生活的一个方面得到快乐,我们就会过分强调其价值和重要性。当我们能够从情爱生活以外寻找到生活的意义时,我们的目光就不再被爱人所局限。当我们能够从情爱以外的生活中获得生活的充实感时,我们才能理性地看待情感生活,不再把对方的爱情当成人生完善和幸福的唯一价值和标准。

这样,要是有一个我们不喜欢的人想一起出去吃饭,我们因为眼界开阔了,就不会对自己说:"嗯,就这么一个人肯要我,没有他(她)的话地球还不得停转啊。"相反我们就会对自己说:"陪他(她)玩玩,看这家伙有什么幺蛾子,也许我会喜欢他(她),不过这可说不准。"

我跟你说,这绝对是恋爱时最应该采取的态度,当你用这种态度和异性交往时,你就会显得魅力不可阻挡。

>>> 在感情中引入不确定因素,锻炼彼此一颗感恩的心

男女闹掰的一个关键原因。简单地说,就是当事人不把两人的感情当成一回事,把自己获得对方的感情当成理所当然的事儿。有些人总换对象,多半就是因为这个原因。他们缺乏一颗"感恩的心",总是这山望着那山高。

人缺乏"感恩的心",就会想当然,不知道珍惜双方的感情。一不珍惜感情,就没法继续从感情中获取快乐。在这种情况下,我们就会想办法另觅新欢。打个比方说,我去医院检查,医生说我很快会变成一个聋人,我

立刻就会觉得听力是非常重要的。但是在平时，你却从来不会因为自己能听清楚别人说话而感到幸运。

什么是"感恩的心"呢？感恩的心就是时时刻刻记着生命里的很多事情并不是理所当然的。不把事情当成理所当然的，我们就会有一种危机意识。知道好花不常开、好景不长在，有些人、有些事、有些物，虽看着挺好，保不齐哪一天就会离我们远去。

在感情上缺乏点安全感不一定是坏事，这样，我们就会对现状有一种疑虑，面对对方缺乏自信的情况，也不会翘尾巴，觉得自己很了不起，总想把人家一脚踢开。常怀一颗感恩的心，怀疑感情的确定性，这样我们就不会丧失激情。在感情中一点不确定性都没有，我们就会觉得不管地球爆炸、宇宙毁灭对方永远都在原地等着我们。这个时候，我们就会一点也不珍惜对方，结果心中的爱意渐渐消失。

当你在双方的感情中注入一种不确定因素的时候，彼此间的爱火才会越烧越旺。刚才举的那个变聋的例子已经说得很明白了：除非我变成聋人，否则我决不会珍惜自己的耳朵！反正一旦把不确定性引进情爱关系，我们彼此看待事情的角度就会改变。

两性关系里，没有不确定性，就没有激情；没有不确定性，就会把对方对自己的爱当成是理所当然的；没有不确定性，就会爱不起来，甚至各奔东西。

不过麻烦的是，通常情况下，我们一旦对双方的感情产生怀疑，就会习惯性地耍点小脾气，导致两人的关系越闹越僵。人非常需要安全感，通过伤害对方的感情，我们释放了自己的压力，捍卫了自己的自尊心，向对方发出了威胁的信息，那就是："你别以为我说跟你好就永远是你的人了，你要是不对我好一点，我也有可能在你面前消失！"

长此以往，结果是双方的感情进一步恶化。人的本性决定了这种行为模式。不过现在既然已经明白了其中的奥妙，你就没必要让悲剧重演了。

有人会说，生活中那么多不确定因素，亲人、朋友随时随地都可能因

你也能成为
"万人迷"

交通事故、疾病等不可抗因素离我们而去，为什么还要自寻烦恼，非得怀疑这怀疑那的呢？是的，的确如此。不过我们这里所说的，是奉劝那些处于追求阶段、或者感情开始"亮红灯"的男女们的，如果你与你的老公或老婆好得如胶似漆，当然没必要这么瞎折腾。

或者有人还会问，难道我就不能拥有一种正大光明、老老实实、互敬互信的感情吗？谁说没有了？不过前提是这个人和他的另一半已经达到非常亲密信任的程度以后。刚才说过了，上面说的三个技巧都是适用于恋爱追求或者情感出现问题时使用的招儿，关系稳定下来以后，就没必要这么折腾了。

〉〉〉经常赞美对方，但不轻易说爱

当我们意识到某个人喜欢自己时，往往会在一定程度上丧失对那个人的兴趣。人就是这么贱。前面已经说过人性的这个规律：人最想要的东西是他们得不到的东西，越是需要费劲争取的东西，他们就越觉得有价值。对于那些上赶着往自己怀里冲的人，我们才懒得正眼看他们一眼呢。

真诚地对人家好，同时对爱情持一定的保留态度，和告诉人家他是某人的整个世界、没了他某人就不知道怎么办才好，并不是一回事。

如果我摆出前一种姿态，对方会觉得我对感情是很冷静很现实的，适合在感情发展的初始阶段使用。后一种姿态则意味着我对感情很投入，但是与物以稀为贵的原则相抵触，会造成我吸引力的损失。

告诉对方自己很爱对方（这么一说相当于解除了全副武装），与跟对方说你很可爱、你这人不错，这两种说法是大不相同的。仅仅赞美对方会使对方感到满足，同时使自己也显得很有风度。赞扬本身也包含着一种优越感，只有自信的人才能正视并表扬别人有多优秀、有多漂亮。而人都喜欢自信、有安全感的人！有些人理解错了"物以稀为贵"的本意，一味扮酷，过犹不及，对人家不理不睬的，会使人家觉得很不舒服，给人家留下一个

冷漠无情的印象，结果将必然事与愿违。但不时在对方面前播撒点很实在的赞美，却可以使你自己经常笼罩在自信的光圈里，使对方觉得你是个人物！而且，你也表明了这样一种态度，你很欣赏对方，但是对方不是你的整个世界，没了对方你照样会活得很滋润。

　　违背上面所说的四个技巧，具体来说，就是跟对方太黏糊、把全部精力投在对方身上。一句好听的话也不会说，你就会非常迅速地丧失对异性的吸引力，很容易被别人踹到一边去。

　　在这里需要补充的是，我们在这一节所提出来的原则，不是有时候好使，也不是大多数时候好使，而是在所有时候都好使的交际技巧。这些技巧提出的基础是带有普遍性的人类行为，用在男女关系中固然好使，用在其他类型的人际关系上也是有效果的。可以供你酌情使用。

▶▶第三章

人际交往的人情世故：
只有双赢才能合作长久

一般来说，我们认为大部分人都是正直诚实的，乐意与人为善，但是正如你从自己的经历中感受到的那样，人与人之间经常无法达到完全的信任和理解，这常常成为人们想做那些对人对己都有利的事情时的最大障碍。大部分人都不介意帮助他人，因为帮助他人会使自己觉得很快乐，但问题在于，他们经常会因为缺乏安全感、担心遭受伤害而不敢帮助别人。

一·本·书·学·会

人情世故

我们在这一章将要探讨的就是如何自然而然地把人们内心深处隐藏的善意诱导出来，让人们放心地跑出来帮助你、与你合作，而不是利用强力逼迫他人屈从你的意愿。

1. 让人和你共进退

善于争取他人与自己合作，我们就能减少损失、增加利益。下文中我们要介绍的六个技巧，其用途就是帮助我们提高这方面的能力。通过运用这些技巧，我们可以强烈地激发他人展开行动的欲望，保证我们尽可能迅速、尽可能多地获得人们的支持和帮助。

>>> 缩小对方的可选择范围，让对方别无选择

如果你想让对方帮你做事情，但具体怎么做却有好几种方案。那么在你把选择方案展示给对方前，你最先做的事情应该是缩小对方的可选择范围。一般人以为，我们给对方更多的选择余地，对方才有把握在其中挑出最有把握的一种方案，然后立刻采取行动响应我们。

只有双赢才能
合作长久

但是事实恰恰相反！如果我们想让对方做的事情有多种方案可选择的话，对方就可能什么都不选择。因为谁都不愿意犯错，也不喜欢总是怀疑自己当初的选择是否明智。可选方案越少，人们就越少犹豫，事后也越少惦念。

有一个著名的家具连锁企业，下属的分店总是把顾客的订单保留72小时之后，再送到总店去要求发货。为啥这么费劲呢？是不是有效率低下之嫌呢？原来该公司根据调查发现，有超过60%的顾客会在订购后的3天内，因为颜色、材质以及设计等因素，要求修改订单。选择一多，很多人就会眼花缭乱、犹豫不决，永远都拿不定主意。然而一旦决定了，他们又会怀疑自己的选择是否明智。

除非你是零售商，要想确保竞争力必须依靠货物样式多、品种全的优势，否则决不要向对方提供超过三种以上的选择方案，其实提供两种方案是最理想的。没选择的话，人们会觉得自己是不自由的，就会想打退堂鼓。只要有可选择的，哪怕只是两种选择，也会给人一种当家做主的感觉。你得让人家产生一切都尽在掌握的感觉。

〉〉〉限定合作的最后期限，为对方注入立刻行动的动力

想要对方尽可能迅速地采取行动配合我们，还得为对方限定行动的最后期限，这么做可以击中对方的三个心理"死穴"，促使他们尽可能快地行动。

一件事的重要程度，取决于事情的紧急程度。正是"最后期限"和"截止日期"这些时间上的限制，推动了事情的运转。如果没有立即采取行动的必要的话，大部分人就都会磨磨蹭蹭地轻易不肯动弹。原因不是别的，人的天性就是：倾向于在形势更有利时，在对情况了解得更清楚时，在心情更好时，才开始行动。给对方一个明确的行动最后期限的重要性在于，让对方知道现在必须立刻开始行动，否则的话，以后可能就没有机会了。

限定对方行动的最后期限，还击中了另一处心理"死穴"，那就是：人都不喜欢自己的自由被束缚。当别人告诉我们不可以拥有某种东西，或者不可以做某件事情的时候，我们想要拥有和尝试的渴望反而更加强烈。所以说，通过让一个人知道，如果不立即行动，就将永远地失去这次机会，我们就给他注入了强劲的"立即行动"的动力。

有一家大超市，很善于使用这一方法。他们把"已售出"的标签贴在了本来准备清仓甩卖的货物样品上，摆在超市的入口。为什么要这样做呢？原来消费者看到某件物品上贴着"已售出"的标签时，心里就会不由自主地觉得这种东西很有价值。这样当他们在超市的其他地方"偶然"发现和那些"已售出"商品同类的东西时，就会毫不犹豫地掏腰包抢购，生怕错过这么好的机会。

无数的研究也证明了同样的结果：越是稀缺的东西，往往越让人觉得珍贵。相信你自己在生活中也肯定曾经得出过类似的结论。当某物非常流行并且数目越来越少的时候，人人都想拥有，它就会变得更有价值。当机会之窗逐渐缩小时，我们就会不自觉地对它加以重视。物以稀为贵。钻石、黄金不是必需的生活用品，它们的价值却非常昂贵——仅仅因为它们是非常稀少的。试想一下，白金比黄金要贵，黄金要比银贵，银比铜贵，为什么呢？还不是一种比一种更稀少更难于得到的原因！

>>> 从简单的事做起，用惯性定律影响对方的行为

惯性定律告诉我们，任何物体在不受任何外力作用的条件下，总保持匀速直线运动状态或静止状态，直到有外力迫使它改变这种状态为止。或许我们还可以增加一条：所有人在不受外界因素影响的条件下，总是继续做自己的工作或者会一直无所事事。如果我们想让一个人在某一个方向上行动起来，不管是体力劳动还是脑力劳动，我们就可以从比较容易着手或者容易使人产生兴趣的事情开始。那么，这个人就很可能坚持到底。为什

只有双赢才能合作长久

么会有这种现象呢?

人类在心理上很在意行事的一贯性。这方面的许多研究清楚地表明,这一心理因素在激励人的行为方面有重大的意义。研究也显示,那些接受了较小的请求、帮忙做了点小事的人,接下来更有可能同意接受更大的请求、帮我们做更大的事。当然了,通常情况下,这件更大的事才是我们真正的目的。然而,如果没有我们前面那个小小要求作为铺垫的话,后来那件大事对方肯定是不会接受的。

前面说的就是所谓的"进门槛技巧"。研究表明,人有一种倾向,一旦同意接受了较小的请求,接下来更有可能同意接受较大的请求。研究者最初询问一些住户,问他们是否同意在其前院树立一个较大的"小心驾驶"的牌子,结果只有17%的家庭同意了要求。对于另一些住户,研究者先向其提出一个较小的要求,就是在其住宅的墙壁上贴一张很小的"平安驾驶"的标牌,几乎所有的住户都立刻答应了下来。过了三个星期之后,研究者再向这些住户提出在其院子里树立更大的牌子时,结果有67%的住户都同意了。

在某一个方向上迈出了一小步,即内心保持一贯性的渴望,人就会不由自主地迈出更大的步伐,接受别人提出的进一步要求。本质上,接受张贴小标牌,意味着人们内心中对于安全驾驶这一观念的肯定与支持;答应树立一个更大的牌子,同样代表了对于安全驾驶的肯定与支持。只不过是在继续完成一件他们做过的事情而已。要是你曾经管别人借过钱的话,你肯定就有这样的经验:那些最容易借出钱来的人,往往是那些以前曾经借过钱给自己的人。

惯性定律还可以从影响人的行为模式层面,促使对方立刻采取行动。比如,我们都知道背景音乐对人的行动速度会产生一定的影响。很多精明的超市会在店里播放节奏舒缓的音乐,结果销售额就会有相应的增加。慢节奏的音乐诱使顾客不知不觉地放慢了脚步,延长了在店里购物的时间,就有可能多买一些可买可不买的东西。反过来也一样,快节奏的音乐可以使人的行动在不知不觉中加快。甚至有研究发现，用餐时听节奏轻快的音乐，会增加每分钟咀嚼的次数。

因此，如果可能的话，用节奏较快的音乐作为与人交流时的背景音乐，可以增加对方采取行动的紧迫感。讲话时适当地提提速，也可以收到类似的效果。事实上，若是我们慢条斯理地忽悠人家，对方就会漫不经心地跟我们胡说八道；反之我们快速地说话，对方也会随着你的速度说话。我们快对方就快；我们慢对方就慢。对方讲话的速度快起来了，心里就会不由自主地产生需要立刻采取行动的紧迫感。

在具体说话时的遣词造句中，也可以应用"惯性定律"。记住，只要你已经让一个人处于某种行动状态中了——不管是思想意识层面，还是身体行动层面——那么让其继续维持这种行动状态就是一件相对容易的事情。

比如"既然""在……的情况下""与此同时"这些看上去无关紧要的字眼在促使人们及时采取行动方面具有催眠术一样的魔力。原因在于这些字眼预置了一种既成事实，要求对方在既成事实的基础上进一步有所行动，使对方觉得更容易接受一些。

比如，我们想让别人接受一个意见，并得到对方的同意，那么绝对不能这么问："哎，我们出门的时候，去家明家坐坐好吗？"相反，你应该这样说："哎，既然我们出门了，不妨顺便去拜访一下家明吧。你看呢？"显然后面这样一种表达方法是非常符合人情世故的，让人几乎无法拒绝！所谓"顺水推舟"、"水到渠成"，也不过就是如此！

>>> 保持积极自信的态度，才能激发对方的热情

心理学家研究发现，在没有较大的利益和原则冲突的情况下，人们更愿意做我们希望他们做的事儿。在要求获得别人的合作时，我们的言谈举止务必直接明了、充满信心。当然，我们也可以运用适当的身体语言。

"积极的态度引发积极的态度，消极的态度引发消极的态度。"无论是

只有双赢才能合作长久

出门、写字，还是打电话、握手，人们都会根据我们当时所持的态度作出反应，并采取相应行动。如果我们的表态不坚决，自己都对自己的想法没信心，又怎么能让人家对一些话题有信心呢？

换句话说，我们不仅应该使用语言文字，还可以用我们的行动，激发对方的行动。举例来说，如果我想让某人跟我走，那么我就应当大踏步向前，别回头去看人家有没有跟上来。就是说，我们的一言一行必须传达"信心"与"期望"，这样，对方才会照做！

>>> 为对方简化行动程序，帮助对方克服畏难心理

有些人比较喜欢烹饪，所以经常会在下厨的时候乐在其中，因为他们觉得自己做饭做菜吃，要比去乱糟糟的饭店吃饭强多了。但是，还有些人是讨厌下厨的，因为他们觉得做饭需要处理的事情非常多，简直就快烦死了：去超市买东西跑断腿不说，弄不好还要排半天队结账，做饭时烟熏火燎，吃饭时已经累得半死都没有心情多吃，好不容易吃完了又得洗盘子洗碗，洗碗的时候还得注意护手，要不皮肤容易老化……总之实在太啰唆麻烦了。

显然，同样的事情，当理解方法不同时，人们将会得出截然不同的结论。简单地说，人在做自己喜欢的事情时，经常会觉得事情非常简单易行，有充足的动力。但如果变成自己不喜欢的事情，就会觉得事情非常麻烦，总想打退堂鼓。

根据上述原理，如果我们想让某人立即有所行动的话，那么我们必须让他知道，我们请他做的那件事极其简单方便。若是想阻止某人做某件事，那么我们只需把做这件事的每个步骤都分别展开，让事情显得特别烦琐复杂、充满了艰难险阻就可以了。

〉〉〉向对方提供额外的好处，博取对方的好感

在去商场买电脑时，我们经常能遇到导购员拉住我们的手死活不松："去我们家吧，我们家买电脑送电脑包、送杀毒软件、送鼠标、送肯德基优惠券……"俗话说：礼轻情义重。反正是白拿的，我们不由得心里一动，跟上前去，很可能会买这个导购员的电脑。再比如我们在大酒店请客，花了几千块钱，最后老板一高兴，让服务员送上来一盘免费的水果拼盘，十块钱都不值，不过大家吃得还是挺高兴，白送的嘛！半夜起来饿了，想吃碗泡面，等水开的时候仔细看看包装，竟然是改进型的包装，加量不加价，附赠了10克的面饼，我们就会觉得不错，一边吃着面，一边算计下次还买。

总之，送消费者一些微不足道的小礼物，赢得消费者的好感，从而刺激消费，这一套现在几乎所有的商家都学会了。

根据统计，向消费者赠送小礼物、赠送返点优惠的营销技巧，可以使回头客的比例增加35%。商家用微不足道的蝇头小利，换取更丰厚的商业利润。而实际上他们给予消费者的所谓好处，对于消费者来说，通常都是可有可无的。

同样，我们在争取别人的合作时，也可以使用这种给对方点小好处的技巧。不管什么好处，哪怕微不足道也没关系，重要的是表达一种重视、尊重对方的姿态，使对方了解到我们的诚心，这样的小刺激，常常就可以促使对方更迅速地采取行动。比如我们可以跟对方说："干得利索点啊，弄完了有冰激凌吃"，"再坚持一会儿呗，完事了我打车送你回去"，"活干完了我请你吃晚饭"，等等。

只有双赢才能
合作长久

2. 从别人的角度考虑问题

中国的封建王朝有一种专门提意见的官员，即谏官。谏官的主要职责就是给皇帝提意见。提意见是一门专业技能，提好了还可以靠着它升官发财。这在现代人看来的确是匪夷所思的事情。

意见提不好会得罪人，这只是问题的一个方面。但说到底，更重要的一点是意见提不好没人听。假如我们有个很好的主意，可能给自己给他人给全中国人民乃至全人类带来莫大的好处，可就是没人听！此时，我们会不会觉得自己有点像怀才不遇的秀才。人生中最大的失意莫过于此。

不过不用害怕，因为一旦掌握了下面介绍的这些社交技巧，我们就不用再怕别人对我们不"言听计从"了！

>>> 不仅晓之以理，还要动之以情

很多研究清楚地证明：向某人进言时，必须动之以情！假如没有唤起对方的情感，不管我们的想法多合乎道理都是白搭。不能动之以情，就没法晓之以理。

我们的决定，有90%是以情感为基础作出的。决定了然后才用逻辑加以证明，以说明我们自己的行为多有道理。如果我们只用严格的逻辑大道理忽悠人，那说服对方的可能性就不会很大。所以，此时还必须让自己的说法丰富起来，为它们添油加醋，改造成从情感逻辑出发的观点，用清楚具体的好处，把人们的情绪调动起来！

>>> 从可以避免哪些消极后果方面，阐释我们的建议

一些学者的研究报告指出，如果我们提出的建议能从避免了哪些消极不良后果方面有所说明，最终说服对方的可能性将更大。在澳门就有一家彩票公司如此做了，他们在刚开业时曾使用这样的宣传语："你可能会成为大奖得主！"因为很多家公司都采用了这种方法，所以他们的收益并不多。

不过不久后，有个专家给他们提了一个意见。建议他们把宣传语改为："你是不是已经中奖了？！"结果导致公司的营业额倍增！这是什么原因？因为改变说法后，人们在街上、报纸或网上看到宣传语时，就会不由自主地开始害怕。他们害怕自己可能会失去"到手"的东西。长此以往，这彩票不买你的还买谁的呢？

事实上，新旧两种宣传语所暗示的内容是不同的。旧的宣传语只是暗示顾客买彩票的话有可能中大奖；而新的宣传语则暗示了如果顾客不买彩票的话，就有错失中大奖的危险！由此可见，这种说法给人的震撼力太大了。

在给人家提建议时，别一个劲地大谈只要听你的摆布，人家就可能如何之类的话，我们必须把焦点集中到对方的利益将因此不受伤害，不再会伤心、劳神、破财等等方面上来。

>>> 提出明确具体的行动计划，展示行动可行性

研究显示，除了唤起对方的强烈情感之外，能进一步提出具体的行动技巧、行动进程，对方会更乐于接受我们的建议。热情驱使我们采取行动，驱使我们不断前进，这时，了解行动的方向与方法，就显得非常必要。如果我们知道行动方案已经设计妥当，如果我们能清楚地看到行动的具体程序，那么，我们就会觉得很有安全感。

如果你希望人家纳我们的"谏"，别说出一个让人垂涎的目的地就行了，我们还得为人家绘制一幅地图，让别人知道如何才能走到目的地。

只有双赢才能合作长久

>>> 照顾别人的自尊心，并保持建议时的激情

在促使别人接受我们的意见方面，还有四个细节必须注意：

第一，人都不喜欢被别人支配，喜欢自己拿主意，如果我们能设法使对方相信我们提出的建议是出自对方的手笔、或至少是受到对方启发的结果，人家就会更容易接受我们提出的意见。

第二，告诉对方我们提出的这个新建议，和对方为人处世的一贯套路是一致的。提醒对方：对方此前做过哪些事情，跟我们现在的建议所提出的做法没有大的区别。在上一节，我们曾研究过人行为的惯性原则，这里也照样适用。对方一旦意识到我们的建议和他们以前的所作所为并无矛盾冲突，那我们的提议被接纳的可能性就大大增加了。

第三，样样通，样样松。万事通其实是个有点取笑意味的贬义词，人们实际上很少相信所谓的万事通这一类人物的意见。给人提建议时，千万不要摆出自己什么都懂的架势，否则我们就会被当成不太严肃可信的人。给人家出主意时可以摆出谦虚点的姿态说："有些事我是自以为明白，一般不敢给人乱开药方；有些事我是真明白，然后才适当地给人出点主意。你这件事儿，我恰好是真明白！"

第四，在上面提到的所有技巧之外，还有一个凌驾于所有技巧之上的总技巧，那就是保持游说时的激情。我们在表达自己的观点时越是激情澎湃，就越能影响对方的情绪和思想。

>>> 避免给对方造成强迫的印象，规避反建议的逆反心理

上述技巧，在策动别人接受我们的意见方面，绝对是非常有效的。不过在具体实行以前，我们还得注意一个人在给别人提建议时最容易犯的毛病。因为人类在本性中有一种"倔"脾气，当他们发现自己的自由被限制了以后，自然而然就会产生逆反心理，故意与限制自己的人或事物对着干。

这种逆反心理在我们给对方提建议时，经常会起到很严重的干扰作用，对方一旦觉得自己的自由被限制住了，就会故意做出与我们的建议恰好相反的行为，没有别的原因，只是因为逆反心理。

在遭遇逆反心理的情况下，我们的建议多半会归于无效。对方会觉得自己处在被强迫或支配的地位，因此拒绝对我们敞开心扉，我们就是说得天花乱坠也是白搭。

有鉴于此，明智的做法是在提出建议前，向对方传递出这样一种信息，虽然我们提出了建议，但最后决定是否采用，还要取决于对方。然后我们再通过讲道理、摆事实、说明利弊的方法，用自己的观点影响对方。

3. 赢得为你两肋插刀的朋友

一些不讲信义的人把"宁可我负天下人，不教天下人负我"奉为圭臬。面对那些食言而肥的家伙，我们仅仅说一句"你怎么能这样呢，不是说好的吗"是根本不管用的。不过一旦我们学会了使用这一节将要介绍的技巧，与他们针锋相对，那些答应了我们事情的人，就只好按照事先自己画好的路线乖乖就范了。

>>> 赞美对方守信用，用好话挤对住对方

让对方履行承诺的最有效果的技巧，是告诉对方我们认为对方是一个说话算话的人。我们可以使用类似这样的方式跟对方说，"我觉得你是那种说话特别算数的人"，"你知道我为什么对你印象特别深刻吗？就因为我发

只有双赢才能合作长久

现你是一个言出必行的人"，或者"一诺千金、有古之君子之遗风，你这一点真让我佩服啊"。只要这么一说，人们内心坚持正义、勇于承担责任的因素就被调动起来了，就会自然而然地想在人前扮演一个有担当、有责任感的英模形象。

为什么这些话会起到这种效果呢？原因在于我们的这些说法唤醒了对方的自我意识，并在此基础上产生了一种要求对方保持行为和自我意识一致的心理需要。人的天性倾向于保持一种身心的和谐统一，如果灵肉自相矛盾的话，人就会陷入精神分裂的状态，觉得自己活得特别累。在内心深处，很少有人把自己看成是说话不算话的人。当我们表扬对方是个说话算话的人时，对方的潜意识就被逼了出来，用理想的人格标准要求自己做一个说话算话的人。

反之，如果采用以下这些说法来督促别人兑现诺言，实在是有点与虎谋皮："快点的，赶紧把这事弄完"，"我早就知道你不会认真做的"，"我就不知道我当时为啥竟然肯相信你"……这些说法虽不能证明对方的任何错误，倒是强调了履行承诺是违背对方的意愿的，要履行承诺就是违背对方的意愿去迎合外物。既然如此，对方坚持不肯兑现诺言还有啥不对的呢。

比如，我此前曾经要求同事凯丽帮我处理一批文件，事情已经过了两个礼拜还没什么头绪。这时千万别和人家这么说："文件弄得咋样了？"或者："你现在还没开始呢吗？"因为我们这么发问，只会给对方创造脱身而去的机会和托词。

要是我这么说："哎呀，凯丽啊，你能帮我这个忙我可感谢你了。我就喜欢那种乐意帮助人而且还有始有终的人。"这些话一下子就把对方给圈住了，对方要是不按照自己以前的承诺，尽快帮忙完成工作的话，就成了一个有始无终的人，成了一个不乐意帮助别人的人，就会产生一种对不起自己良心的感觉，所以根本不用我们逼，对方就会急着兑现诺言。

我们这么一说，对方就不可能再说什么"我太忙"或者"我不喜欢做"一类的话了。对方当然会把自己看成是有始有终比较靠得住的人，要是放弃了对我们的许诺，那对方就不得不面临这样一个问题："我到底算是一个什么样的人呢？"很少有人愿意直接面对这一问题。

>>> 拔高对方承诺的重大意义，逼对方严肃对待

在督促对方履行承诺方面，还可以采取另外一个技巧，那就是诉诸普遍价值的认同。这种诉诸普遍价值认同的技巧，可以和前面介绍的那种诉诸自我意识认同的心理技巧一起配合起来使用。

比如，我们可以把要求对方兑现诺言的要求，和友谊、尽忠职守、诚实等大家普遍认可的价值联系起来。针对对方拖拖拉拉的情况，我们可以从这个角度用敲山震虎的方式忽悠对方："咱们公司的有些人可不好交了，不管你怎么对他好，就是换不来一颗真心。真没有办法啊。"

这种说法把对方圈进了一个对所有人都很重要的普遍的价值体系中，逼着对方非得履行自己的责任不可。此时此刻，已经不是简单的一个完成工作的问题，而是一个事关交情的问题。一旦撒手不干，那就意味着要冒激怒我们的危险，冒出现人际关系问题的危险。

>>> 让对方亲口答应，产生是主动地配合的感觉

上面提到的两种利用心理学的社交技巧在促进对方兑现承诺方面，都有很好的效果，不过在一开始向人家提出要求时，打下一个坚实的基础也是非常关键的。

研究显示，街头的募集献血志愿者的工作人员，在发放资料时说"您一定会支持献血事业的，是不是？我们就靠您的支持啦"，可以使献血志愿者的比率增加19%。在提出要求以后，别忘了迅速地在口头上确认一下对方的意见，以造成心理上的既成事实。这么一来，对方在心理上就有了一种保持言行一致的欲求，这样对方帮人帮到底、送佛送到西的可能性就大大

只有双赢才能合作长久

地增加了。

需要注意的是，要是对方答应帮助你是发自内心的，对方最终完成承诺的可能性就更大一些。当某件事情是被摊派到某人头上时，对方心里就有可能会这么掂量一番："如果我不能兑现承诺，他一定会气疯的；他难受我也难受，结果还得想办法补偿他。长痛不如短痛，与其如此，不如现在就拒绝他吧。"

如果对方这么一想的话，肯定就会认为同意帮助我们是不明智的。换言之，人家不肯主动帮助，倒不是因为人家自私，而是因为人家有顾虑，怕完不成任务，给我们造成伤害、给自己添堵。要想帮助对方跨越这个心理障碍、毫无顾虑地应承下我们的要求，我们就可以与对方说："我知道你应付这件事是小菜一碟，只要你心情好乐意做的话。"

为啥自愿帮忙时要比不情愿帮忙时做事情的效果要更好一些呢？原来人情愿做某事时，心里就会一直不停地告诉自己说："我是真想做这件事。"人不情愿做某事时，却会一直不停地跟自己说："我是一个傻瓜，没办法被人抓了冤大头，我才不愿意做这种倒霉事呢。"人有了后一种念头，做事时消极怠工、磨洋工就在所难免。

>>> 敲定诺言的细节，让对方无可推托

事情麻烦复杂到这个程度，你是不是觉得有点厌烦了？的确，求人办事本来就是一件不太容易的事。否则就不会听到"别人求我三月风，我去求人六月霜"这种说法了。不过你也别灰心丧气，要想使对方最终兑现对你的承诺，你在提出要求的初始阶段，要是能按照以下五个步骤把工夫下到位的话，对方最终满足你的要求的可能性就会大大增加。

比如我们跟一个朋友说，自己的电脑出了点毛病，对方痛快地答应说下礼拜六过来帮忙修理。但情况还是存在某种不确定性，而对我们来说，及时修好电脑又是非常重要的事。为了确保朋友一定能来，就必须想办法

打动人家，把随便一说性质的答应变成肯定的诺言。接下来，我们就以这件事做例子，具体说明详细的做法。

◇ 让对方亲口确认答应我们的事情

我们提要求，人家点头答应是一回事。但要人家亲口确认一遍答应我们的事情，那又是另一回事了。"你真是这么准备的啊？"或者，"别逗我啊，你是认真的不？"如果我们用这两种方法反问对方，对方多半会回应说："肯定的，礼拜六我去帮你修电脑。"

◇ 问清楚具体的时间表

这个具体的时间表包括对方赶过来给你修电脑的时间，以及修好电脑可能需要的时间。接着上面的话茬儿，你就可以继续问朋友："那太好了。你礼拜六几点过来啊？估计多长时间能修好呢？"

◇ 使对方产生责任感

让你的朋友知道，因为等待他的帮助，你改变了工作和生活计划，这是很重要的。此时，你的朋友会因此明白，万一他中途反悔，会给你造成某种程度的麻烦，引起一系列的连锁反应，你会陷入比他没答应帮助你以前更麻烦的境地。要达到这个目的，你可以告诉你的朋友，为了等他来修电脑，你将会改变作息计划，而且取消一些别的活动。

◇ 激发对方的良知

我们还可以继续告诉朋友，我们非常依赖于他的帮助，他的帮助对我们来说至关重要。要是他不来的话，我们可能会面临很大的麻烦等等，这些都要告诉对方。在现在这个例子中，我们就可以告诉对方说，要是电脑修不好，就没法写一个非常紧急的报告，下礼拜就会受到上司批评等等。

◇ 让对方产生身临其境的感觉

关于这个技巧，其实房产经纪人都知道。给买房的人介绍房子时，他们会试图引导消费者把眼前的样板房当成自己的房子，这样就有可能增加对方买自己公司房子的可能性。把别人的房子当成自己的房子，当然是需要几分想象力的。所以领着买房人四处走时，经纪人们就会用类似这样的

只有双赢才能
合作长久

问题引导买房人："您看这里放电视怎么样？""这里放一个大沙发正好，您看是不是？"

在我们现在这个场景里，我们也可以应用同样的原理，问朋友说："你准备怎么修啊？我到时候会把说明书找出来给你参考，把原厂的驱动程序光盘给你准备好，你看行吗？"让对方在想象中身临其境，对方会产生一种所计划的事情已经在以某种形式开始的印象，在无意中受到善始善终的念头的控制。反正已经开始了，为什么不彻底完成之呢？

4. 与倔脾气的人
合作的方法

世间最郁闷的事情莫过于跟那些倔脾气的家伙打交道了。哪怕我们好话说尽，他们照旧我行我素，这实在令人恼火。要想解除这种人的武装，可是需要一点功夫和技巧的，接下来我们首先从四个方面来谈一谈倔脾气的人的思维和行事逻辑：

一、倔脾气的人通常有一种逆反心理。不管我们和他们说啥，通通说不。对新生事物，他们尤其不喜欢。他们的格言是"以不变应万变"。

二、倔脾气的人经常对人不对事。万一他们看不上的人恰好是你，那你就倒霉了。这时我们将会发现，不管我们的说法如何有说服力，即使他们明白我们的立场是对的，他们也绝对不会接受。

三、倔脾气的人很可能曾经因某件事情或某个人的缘故，受到过严重的心理伤害，痛楚至今记忆犹新。在遭遇那些偏离他们通常思路的事情时，他们会感到在做决定、做判断方面力不从心，然后就会选择消极逃避，拒绝任何新生事物。

四、倔脾气的人往往愤世嫉俗。这意味着，他们即使是在找你的麻烦，也并不是专门跟你过不去。实际上除了自己，他们看不惯世界上的任何人和事物——他们中的一些人甚至连自己都看不惯。如果你的想法人家看不上眼的话，本质上是因为那是我们的想法，而不是他们自己的。

要是我们曾经跟这些倔脾气的人交往过的话，很快就能明白，跟他们争论一定会死得很难看。往往我们说得越有道理，对方的反弹越猛烈。这些人根本就不讲逻辑，无论我们如何说如何做，对方都会来个油盐不进，让我们气得干瞪眼没辙。当然，除了一种情况，就是在我们用技巧跟他们打交道的情况下。

如果这些倔脾气的家伙不肯接受正确意见是因为上面的前三个原因的话，那么可以使用下面介绍的技巧拿下他们。

>>> 转变倔脾气的人的人生态度，使之积极地为人处世

研究表明，在向对方提出请求之前，如果我们能设法让对方表态，对虚心接受别人意见之类的说法表示首肯，对方最后同意我们的看法的可能性就要大大增加。我们需要做的事情就是，在提出真正的话题之前，说一点讽喻对方广开言路的话，转变他们对接受他人提议这一做法的态度。

比如说，你希望你"死脑筋"的老板接受你提出的一个新计划。没切入正题前，你就可以先用话套住他："有些人思路很狭窄，跟他们不愿意接受新事物有关，您说是不是？""有些机关的人可骄傲了，别人跟他们说话，不理不睬的，这么做人其实没必要，您说是不是？"由于这个时候，你并没提出任何具体的问题，老板缺乏警惕性，一般没必要非对你这么一种泛泛而谈的观点痛下杀手，当然只会简单地答应。

过一会儿，你再找时机把自己的计划提出来，多半会发现他忽然有点礼贤下士得恐怖，一反常态得非常合作。一旦老板认可了不愿意接受新事物的人思路很狭窄，他就会无意识地按照一个思路开阔的人的模式来行事。

只有双赢才能合作长久

这一技巧实用的原因，前面已经反复说过，那就是人有一种保持言行一致、灵肉统一的心理需要。如果一个人说一套、做一套的话，他就会陷入心理分裂、心神不宁的状态。一个人公开发表了某种观点，就会在心里认可这一观点，并影响到他自身的行为。

接下来，我们还要学习的是，运用问问题的方法，利用人们这种保持心理和行为统一的心理需要，进一步把那些倔脾气的家伙调动起来。

>>> 设置逻辑陷阱，诱使"倔脾气"对你的想法给予肯定的评价

一个人之所以被看成是倔脾气的人，通常不是因为这个人非要做自己做不了的事，就是他不肯做自己能做的事。他做，是因为把做这些事情看成是违背自己的意愿的。人在觉得自己的自由被限制住时，就会下意识地做出逆反的行为，这是一种本能。

那些倔脾气的人的问题就在于，经常把很多事情判断成是有违自己意愿的。所以应付倔脾气的一种技巧就是，设法使他们把你的想法当成是他们自己的固有想法。

举个例子：你希望老板能同意出血，组织同事们周末去某某风景旅游区潇洒玩一天。但你心里知道这个主意老板肯定不会同意。你在前面一个阶段，已经用讽喻提问的方法，初步让倔脾气的老板肯耐心坐下来倾听你的意见。

现在就可以继续套你的老板说："有人说员工士气跟企业的业绩之间是有很大关系的，您怎么看这个问题？"如果老板说，那当然是很重要的了。接下来，你就可以切入正题，向他提出组织一次旅游、联络同事感情的想法，请他批一点钱。

认同员工的士气跟企业的业绩是挂钩的，就是认可同事们有一起出去玩玩的必要。老板开始已经肯定过你的逻辑了，这一次按照同一逻辑再一次肯定当然就是顺理成章的事情了。

>>> 以对方为本位，增强说服力的六个细节

到现在为止，我们已经学习了如何改变一个"倔脾气"的人的固执态度，以及诱导他对你的想法给予肯定的技巧。接下来，我们再研究一下同时还得注意的、能帮助我们达到最好的接受效果的六个细节技巧。

◇ **调动对方，改变体态**

要想让"倔脾气"的人改变其固执的立场，釜底抽薪绝对是影响对方心态的最好武器。人的身体状态与心理状态密切相关，对于心理状态有很大的影响力。不信的话你自己可以做一下实验。如果你佝偻着腰坐在椅子上，蜷曲起双腿，再皱个眉头、耷拉个脑袋待那么几分钟，一会儿你就会变得心烦意乱。要是你赶紧站起来四处溜达，一边走一边摇头、甩胳膊，活动身体，情绪很快就会发生改变。在人不断活动身体的时候，心理结构也变得富有灵活性，对于不同思路有更大的兼容性。类似的，比起年轻人，老年人一般来说要更不容易接受新生的事物，这和老年人的身体变得更加僵硬和缺乏弹性是大有关系的。

如果对方认准了死理不同意或者不承认，我们可以诱使其移动身体，身子一动，心态就有可能发生微妙的变化。如果对方一直坐着，我们就想办法使对方站起来，在屋子里走两圈。要是对方一直站着，我们就设法让对方坐下。当人的身体固定不变时，心智也会变得相对封闭起来。大量研究表明，迅速改变某人思维定式最有效的方式，就是使对方的身体活动起来。

◇ **不断提供新信息**

要求人家再一次考虑我们的想法时，我们必须提供一些新信息出来。没有人希望别人把自己当成一个没什么主见的人。如果我们拿不出新方法，人家就轻易改变了意见，那不是自相矛盾吗？

每一次跟倔脾气交流时，都要弄出些新花样来，或者提醒对方一些比较容易遗忘的细节，这样对方就有可能在新认识的基础上作出新决定，而

只有双赢才能合作长久

不是单纯地改变自己的观点。

◇ **先接受对方的意见**

研究者发现：如果我们在劝说对方前，对方曾经刚刚对我们指手画脚、提出意见并影响了我们的想法，对方此时此刻接受意见的可能性就更大。类似的，假如我们曾经抵制过对方的诱惑、没有改变固有看法，对方就会用拒绝你来报这"一箭之仇"。

根据这个原理，不妨在试图劝说一个脾气倔强的人前，没话找话地找点话题，给对方创造一个教训自己的机会，然后我们再无条件承认对方所说的一切是放之四海而皆准的金玉良言，予以全盘接受。

◇ **从正反两个方面说明你的想法**

研究者还发现：如果我们想说服的人明显持不同意见，那么最好从正反两面说明自己的想法，优点缺点都说点。这样就会出现至少在局部上与对方的意见相同的情况。

对方就会觉得很有面子，觉得我们毕竟还是考虑了对方的观点，在接受意见方面就会比较有弹性。当然了，在提出两方面的看法时，应该先提我们自己的正面意见，后说反面的意见，并有所侧重。要是顺序、重点弄反了，搞成支持人家的看法，那就弄巧成拙了。

◇ **让对方相信你的想法就是自己的想法**

要设法让对方觉得我们的观点，在某种程度上是对方的意见，或者至少是受到对方启发的结果。这里面有很多好处，最主要的就是增强倔脾气的人对我们想法的认同感，他为了维持身心的协调统一，会有一种接受我们意见的需求。反对的话，那就是反对他自己。

〉〉〉搞定愤世嫉俗型的倔脾气，关键在给人家无法拒绝的理由

好了，现在我们继续讨论一下第四种类型的倔脾气该如何对付。

第四种倔脾气的人，也就是愤世嫉俗型的倔脾气。这种人在心理上总

一·本·书·学·会

人情世故

是把自己放在社会的对立面，把自己当成与社会上一般人相异的存在，而实际上根本就不是那么一回事。要想说服愤世嫉俗型的倔脾气，必须采取特殊的技巧。

原因在于，对人来说，世界观是最深层次的价值观，人对于自己、他人和社会上的种种事物的看法，都是建立在世界观的基础上的。当一个人的怪脾气是建立在愤世嫉俗的基础上的时候，我们要改变他的意见，就是在改变他的世界观。这属于连根拔的大工程，当然是很不容易的事情。

比如，我们单位要涨工资，我觉得自己的业绩不错而且家庭也困难，就找到关系不错的老板，希望他能考虑一下自己的情况，给自己多涨点钱。在此假设你的老板脾气很倔，老板自然而然会义正词严地加以拒绝，他一直觉得自己是一个公正廉明的人，怎么可以徇私枉法、违背原则，跟一个腐败分子似的搞暗箱操作呢。同意我的要求，就意味着把他对社会、对自己的看法全盘推倒。不管我实际上有多么合适的理由，他都不会同意，因为这根本就不是我的事，而是他如何看待自己看待社会的问题。

除非一开始就使用一个技巧，否则根本就没办法说服老板。这个技巧的关键在于先入为主地让对方感觉自己不是一个说一套做一套的人。我们的目的就是要促使对方的心理和行为得到更高层次的统一。

我们还是照旧拿我和我的老板的故事做例子。我想让我的老板帮帮我，可是老板不肯破坏论资排辈的老规矩。那我该怎么办呢？举例来说，一般人都把自己看成是好人，好人当然是不会杀害别人的人。在什么情况下可以例外呢？如果我和我的家人的生命受到一个拿枪的疯子的威胁，那我该怎么办？这种情况下，我会选择杀死对方，但仍旧觉得自己是个好人。也就是说，条件不同，我就可以使那些违背一贯信仰的做法，变成可以接受的甚至必须的行为。想要让我的老板改变意见，根据的是一样的道理。

这实际上反映了一个深刻的道理，也就是说任何真理都是一定条件下的相对真理。相似的，只要条件充分，任何真理又都可以被推翻掉。

只有双赢才能合作长久

在什么情况下，可以让我超越论资排辈的老规矩，优先获得涨工资的权利呢？如果我能充分证明，我将因为涨不了工资，承受某种严重的后果，比如妻离子散之类，这时我的老板就会同意我的要求。为了挽救我的家庭，这个更高尚的目标，超越了论资排辈的老规矩。虽然同意我的要求违背了老规矩，但并未影响，甚至在某种程度上增强了老板正派人的崇高伟大形象，所以他就可以答应我的要求。

好了，现在我们搞清楚了一个事实：编织任何应该和必要的理由其实都是忽悠人的，如果我们想别人帮忙，真正的理由就是我们的需要。如果我们的需要紧迫到一定程度，对方就会认可我们的需要是合理的。理由到底是什么其实并不重要，重要的是采取恰当的表述方式，使我们的要求跟对方的道德观和自我意识之间不产生任何矛盾。这样我们就可以成功地使对方摆脱愤世嫉俗的立场了。

当然了，遇上这么难啃的硬骨头的机会也不多，不过我们必须得明白万一遇上的时候应该咋对付。

>>> 提议玩一个你肯定输的游戏，以判断对方能否被说服

此时，你也许会说，如何才能判断一个人的倔强程度呢？如果对方油盐不进，无论说什么都不好使的话，我也用上面的技巧跟对方死缠烂打，那是不是犯傻呢？不要着急，下面提供的方法就是针对这些问题的。

有些人的确是不可理喻的，为了节省咱们宝贵的时间和精力，就得使点招术确定对方到底能不能被说动。实在说不明白的人，就不用浪费时间。这个招术不仅能用于判断对方是否可以被说服，还可以在某种程度上改变对方的思路。

人们常说两极相通。最容易被人说服的人常常会对他人影响自己的企图充满戒心，为了避免被人说服，拒人于千里之外。在表面特征上，他们跟最冥顽不化的人确实有相似之处。

比如去商场买东西，有些人总喜欢绕着导购员走，自己慢慢地看得差不多了，然后再把商场的工作人员喊过来看货交款。这种人最不喜欢导购员一脸假笑地围前围后劝自己买这买那。他们看似立场很坚定，不容易受别人的意见左右，其实是最容易被别人影响的人。所以那么坚决地回避商场的导购人员，真实的原因并不是嫌别人啰唆，而是自己心里有数，知道自己容易被人忽悠、听不得劝，导购员一说就有可能上当瞎买一气的缘故。

那么，怎样区分容易被说服的人和最冥顽不化的人呢？

方法就是引诱对方与我们做一个游戏，注意这个游戏要把我们自己放在一个不利的地位上。由于我已经把自己放在一个相对不利的位置，对方的胜算很大，即使对方是一个很胆小的人，也能在明显的胜算鼓舞下参与游戏。

比如，我可以跟对方玩一个猜数字游戏，告诉对方说，对方在纸上背着我写下从 1 到 100 的任意一个数字，我都能立刻知道写的是啥。要是对方立刻同意跟我做这个游戏，觉得我不可能猜对，那这个人就是一个可能被说服的人；要是对方不同意跟我玩这种游戏，那这个人就多半倔强得很，轻易难以说动。

如果对方接受我的挑战，那说明这个人是可以影响的。如果这个人坚决拒绝，那这个人就是意志较坚定的。实际上，对方一旦同意接受做这个游戏，我们已经在某种程度上轻微地影响了对方的意见，对方至少接受了我们的一种提议！这会使得对方的思路变得更有开放性，开始习惯于接受我们的想法，对我们来说这当然是很有意义的。

与此同时，对方在内心中也会发生某种微妙的转变，对自己承担风险能力开始有了更多的自信。我们已经成功地把对方拽出了自己思维习惯的小圈子，我们要的就是这个效果。

只有双赢才能
合作长久

5. 如何得到对方的帮助

某高官的千金悦悦在某高校读硕士研究生,她整天忙着四处游山玩水、打情骂俏。眼看着毕业就剩半年时间,才忽然发现,按照毕业的标准还差一篇论文没有发表。

悦悦本来跟一家杂志社说好了在该杂志上发表论文,可后来自己着急去外地游玩,论文没有按编辑的要求及时修改,就被杂志社主编拿下来了。

论文不发表,是无法得到文凭和学位的,这可不是小事。悦悦看见别人都轻轻松松地要准备毕业了,很着急。赶紧将拟好欲发表的论文修改了一通,带着电子版和打印稿,亲自跑到编辑部去找主编,要主编帮忙,务必在审批毕业资格前把论文给自己发出来。

主编说:"这个可有点难度,发虽然可以,但我们编辑部编稿子,都是提前编三个月后的稿子,现在往后的三个月稿子都排满了,我们也不能随便没理由就把别人的稿子拿下来,让你的上。你着急人家也着急嘛,总有个先来后到。"

悦悦听后立刻勃然大怒,指责编辑部办事效率低下,自己好几个月以前就投了稿子,凭什么未经作者同意说不给发表就不给发表了,编辑部必须对为此造成的一切后果承担全部责任。如果不给自己立刻发稿,采取行动补救,就要跟编辑部法庭上见。

主编闻言,气得哭笑不得,只好不睬她。悦悦见人家不搭理自己,索性坐在主编的办公室沙发上给自己的父亲和父亲的实力派朋友挨个打电话,请求救兵。不过俗话说:远水难解近渴。悦悦的父亲虽然有权力,但是托人办事也需要一个运作过程。悦悦听说不能立刻见效果，哪有耐心等下去。

小姑娘眉头一皱，计上心来，她站了起来，一把关上办公室的房门，转身走到主编近前，一屁股坐在人家大腿上，搂住对方的脖子说："主编老师，求求你了，我现在也是没有办法了，不赶紧发表论文的话，就毕不了业啦。你帮帮人家嘛，只要你肯帮我，想怎么样都可以。要是你不帮忙啊，我就告你强奸我。你想想吧，哪条路占便宜、吃亏。"

主编被吓了一跳，支棱起两只手，推也不是不推也不是。心想哪有这么求人办事的。灵机一动，就指着天棚上的火警监视器说："小同学，请你自重！看见房顶那是啥没？这屋里装着监控录像呢，咱们互相说的话、做的事儿，可都有记录。"

悦悦也不了解这编辑部房间的装修结构，一下子就被忽悠住了。只能悻悻地从主编的身上站起来，嘟嘟囔囔地离开了。

实际上，悦悦要求主编办的事情，其实也不算什么大事，并非一点商量的余地都没有。可是她根本就不知道求人办事的方法和技巧，硬把能办的事情办成不能办了。换成会办事、懂得如何求人帮忙的人，就算不用威逼色诱，人家照样全心全意地帮忙出力。

你也许会问，只要知道了求人帮忙的方法和技巧，不管啥时候，求人办啥事，对方都笑脸相迎，这可能吗？

当然可能，只要你能把我们在这一节即将要研究的技巧弄明白。这套技巧包括十一个方面的环节，只要你一路施展开去，就算对方是铁石心肠或者有心没力，最后始终不肯帮你的忙，也起码得给足面子，绝对不会直接拒绝你。

>>> 尽可能早点提出要求，给对方充分的准备时间

啥时候才是求人帮忙的最佳时机呢？是急需人家出手帮忙了才求爷爷

只有双赢才能合作长久

告奶奶好，还是尽可能早点提前向人家提出请求好呢？答案是尽可能地早一些。时间逼近的时候，需要人家尽早采取行动的压力就会很大，对方一焦虑，心里没底，就很可能为了回避风险不答应我们的请求。

研究表明，如果我们需要帮忙的人立刻投入进去帮我们做事，我们最好找那些当时不怎么忙或者没有其他事情的人出手，这样成算就相对比较大些。从一个无事一身轻的人那里获得帮助，当然要比从一个忙得不可开交的人那里获得帮助的难度系数小得多。

>>> 求人先给对方一点好处

有一次，一群小朋友聚在一起做游戏。当时有一个小朋友肚子饿了，便从兜里拿出零食。可这时别的小朋友正在看着他，他就把自己兜里的所有零食都拿了出来，分给了其他小朋友。自此以后，他就在这群小朋友中脱颖而出。所有的孩子都对他言听计从。这个小朋友用一点食物就得到了其他小朋友的拥护。

同样的原理，在求人办事前，预先给对方送一点礼物或给予对方点其他类型的好处，对方最后答应我们随之提出的请求的可能性就会极大地增加。给人好处的形式可以灵活多变，比如陪对方度过一些时间、关心关心对方的生活、或者向对方打一个友好的手势、献上一句准确到位的赞美等等。

>>> 告诉对方只有对方能帮助你，增强对方的责任意识

研究表明，当一个人处于危难中时，四周观望的人越多，肯出手帮助受难者的人就越少，这就是所谓的旁观者效应。原因在于旁观的人越多，每个具体的人的责任意识就会越微弱。这一效应也几乎适合于其他所有环境。

根据这个原理，我们在求人帮忙的时候，得告诉对方人家是唯一能帮

得上我们忙的人。要是对方觉得我们可以找任何人帮忙，就算帮了我们也证明不了自己的高风亮节，这个人帮助我们的责任感就会减弱，就不会觉得在道德上有任何帮助我们的义务。

>>> 注意对方的情绪，选择最有利的时机提出请求

是不是一定得等对方心情好的时候，才可以提出请求呢？其实也不尽然。研究表明：如果我们想求助的人正好心情不错，那么就可以清楚地把自己的需求告诉这个人，对方多半会因为别人有求于己感到挺高兴，但是帮不帮却是另外一回事。尤其是我们去求人家办的事比较不明确，或者是帮了忙后会导致不那么令人开心的后果的情况下。人在心情好的时候，当然不想让不开心的事情败自己的兴致。

研究还发现，反倒是一个人在情绪不怎么好的时候，更愿意帮助他人。因为帮助人可以使自己产生比较良好的自我感觉，情绪不好的人为了补偿自己的不良情绪，会产生一定的助人为乐的冲动。

当然这种说法是有条件的。一般来说，如果求助的行为比较容易或比较容易取得效果，人们就会很乐意奉献自己的爱心。通常，助人为乐的行为总是会使帮助人的人产生积极的情感。如果我们求对方做的事情有一定难度和复杂性，那些情绪不好的人自己正闹心着呢，肯定就没心情搭理我们了。如果对方心情不怎么好时，我们只能请对方帮你做一些比较简单不费劲的事情，这样人家做完了才会感到很高兴。

>>> 给自己的困境找一个理由，赢得对方的同情

如果对方觉得我现在的境况是无能或者做事不认真的结果，就不会同情我，不愿意帮助我。要赢得人们的帮助必须先让对方同情我。

研究表明，要是我们的处境可以解释成不是我们的过错，那么我们获

只有双赢才能
合作长久

得帮助的可能性就会大大增加。比如大家虽然有时候自己也没办法，但都很同情那些被主人遗弃的流浪猫、流浪狗。我们看到流浪猫、流浪狗的悲惨的模样，自己都会很难受。我们知道它们落到这步田地，并不是说它们自己有什么过错。相反地，在大街上看到身强力壮的乞丐，穿得破破烂烂地跟行人要钱，我们就会非常鄙夷他们，觉得他们是可以对自己负责任的人，却混成这个穷样，不是因为自己懒就是缺心眼，所以就看不上他们。

但是当个人没法对自己的行为负责任时，我们也会同情不幸的受难者，产生想帮助对方摆脱困境的愿望。根据以上的分析，想来你已经明白了，要想获得他人的帮助，你必须让人家感觉到你目前的境况不是自己而主要是外部力量造成的结果，在某种程度上，你只不过是环境的牺牲品。

>>> 设法展示双方的共同点，让对方喜欢自己

简单地说，人更喜欢帮助那些自己喜欢的人和那些跟自己相像的人。具体原因和技巧我们在第二章曾经详细解释过了，在这里就不赘述了。

>>> 设法让对方回想助人的经验或产生助人的想象，以带动对方

有关人类行为和记忆方面的研究表明，人们的当下观念经常取决于相关信息的容易获得程度。也就是事情发生时人对事情的判断，经常根据的是当时眼前能想起来的东西。比如，现在要你回想一下以前曾经做过的鲁莽冲动的事情，你立刻就能想起来了，更何况谁年轻的时候没做过一件荒唐事呢。在随后一段时间里，我们自然就会产生一种自己很鲁莽很冲动的感觉。可是，要是我们什么也想不起来，就只会觉得自己记性太臭了，但是却不会给自己一个性格很鲁莽的评价。

既然人们的判断常常取决于即时的记忆，我们就可以利用这个原理改变人们看待自己的方式。然后他们的行为模式又会随着看待自己的方式的

改变而发生改变——这一点我们也分析过了，原因是人需要保持灵与肉的和谐统一。比如要是你把自己看成一个充满爱心的人，在公共汽车上我们就会很难在对面走过来一个白发苍苍的老大爷时，安然稳坐在座位上。

假设我们现在想使一个特别敏感容易激动的人放松并安静下来，但是我们觉得他肯定想不起来自己在什么时候也有过能保持镇静的情况来，那么该怎么办呢？据专家研究表明：在这种情况下，我们可以让这个人通过想象的方法镇静下来，也就是让他在脑海中想象自己在某一个特定时间保持镇定冷静的场景。缺乏经验就利用想象，想象同样可以改变一个人对自己的看法。

综上所述，在求人办事前，我们最好设法使对方回想以前助人为乐的经历、或者跟对方探讨一番如何帮助他人一类的话题，让帮助人的经验或者想象占据对方的意识。随后对方在我们提出要求时，慨然伸出援助之手的可能性就会大大地增加。

>>> 用助人为乐的事迹引导对方，给对方一个学习的榜样

人在了解到他人做了某件事以后，会产生一种无意识的攀比意识，想要做同样的事情。募集义务献血的工作人员发现，在大学里张贴以往志愿者参与献血活动的照片后，大学生参与献血的人数会比不张贴照片时增加七个百分点。看到别人献血场面的大学生，要比那些没有看见过这种场面的大学生有更强烈的献血冲动。同样的心理机制普遍存在于各种社会交往中。大量证据清楚地表明，献身社会的模范行为会导致更多的无私行为。

问题在于，在我们希望别人帮助我们时，经常不具备让对方见证那些别人帮助我们的事迹的条件。这可如何是好？其实这样更好。实际上，根据前面介绍第三个技巧时提过的原理，这时如果我告诉对方说，还有别的人可以帮我的忙的话，倒有可能减弱对方的责任意识，结果根本不采取任何帮助我的行动。此时就要用到嘴了，我们可以用"讲故事、说道理"的

只有双赢才能合作长久

方式，把别人在类似情境下助人为乐的事情说明白了，一样可以收到效果。

>>> 韬光养晦，避免引起对方的猜忌心理

研究者发现，假如一个人的成功不会过于光辉灿烂，威胁到他人的自尊心，对方就会更倾向于向这个人伸出援助之手。这也是有些时候，人能帮助素不相识的陌生人，却对非常熟悉的人冷眼相向的原因所在，熟人的成功可以威胁到自己。

所以，在平时应该尽可能地确保不要使人产生受到你的威胁，或者你们存在竞争关系的印象。因为任何形式的嫉妒都会影响双方的合作。一定要想办法消除掉对方心目中你们之间存在竞争的印象。比起"帮助我得到我所想要的东西"这种逻辑来，"你和我团结起来多弄点好处"这种逻辑，显然更容易被人接受。

>>> 百折不挠，反复请求

大多数人不肯帮助别人没别的原因，只是他们习惯了旧有生活模式，不想因为帮助别人发生改变。求人被拒绝一次两次属于正常，至少找对方六次，否则不要轻言放弃。

研究表明，六次求助绝对是一般常人可以抵抗的临界次数，只要我们肯第六次厚着脸皮求对方帮忙，大多数人都会倾向于答应我们的要求。当然有些情况下，还需要更多次的请求才可能奏效。

>>> 动之以利，提出给对方一些实际的补偿

显然，我们想要求助的人能否帮助我们，人家是否同情我们是很重要的因素。其实前面所说的方式方法所遵循的本质路线，也无非如此。如果

我们能循序渐进，其实两三招就能促使对方就范。不过要是对方实在是铁石心肠，无法打动，我们就得想点别的方法。

研究表明：人在对求助者缺乏同情的时候，主要关注的是帮助行为的回报和成本。要是实在请求无效，我们还有最后一招就是坦率地跟对方谈清楚，如果我们能获得帮助，可以给对方那些回报。这个时候，问题反而简单了，只要我们给予对方的回报能超过帮助我们所造成的麻烦，那么对方就多半不会再犹豫是不是应该伸出援手了。

6. 将别人团结在自己周围

我们想让别人同意我们的观点，或者立刻按我们所说的去做事，都必须有一个先决条件，那就是对方能清楚准确地理解我们所说的想法、要求。一遍又一遍地跟人家解释，可就是说不明白，这才是最折磨人的事。但如果我们使用下面的两个技巧，在跟人家说事时使用，就一定能相对容易地把问题说明白了。

>>> 先说明大体的情况，给对方一个宏观的框架

要想把一个困难的问题说明白，第一个方面是要善于从全局的角度说明问题。

把大体的情况交代明白了，人家才能了解我们说话的内容。比如说，别人说了一句话，我们并不是整句记住，而是把这句话分解成我们认识了解的许多词语，用几个词语组成一句话。但如果只是给我们十个随机排列

只有双赢才能
合作长久

的字词，例如蝙蝠、走、飞、如何、通过、发动机、不、热、巨大的和母鸡，我们就很难记住它们。而同样包括十个词，有逻辑语法关系的一个句子，我们却很容易记住。比如这一句：有四个十分可爱的小男孩正在隔壁专心地看电视。我们立刻就能重复出这个句子，不费多少劲儿就能把它背下来。可是要背那十个随机排列的字词麻烦可就大了。我们能很快地背诵下来句子，原因在于我们清楚地知道词的整体联系，明白它们是怎么结合在一起的。

在没交代清楚一般概念、大体情况前，就具体地说明细枝末节的问题，就好像是玩拼图游戏，没有拼图的大框，只给了一大堆混在一起的碎纸板。人们听不明白，通常是因为没搞明白一般的宏观轮廓。

>>> 让人们对理解产生希望，肯于积极地进行理解

确保人家能理解我们的第二个方面是，我们能在多大程度上让对方对理解我们所说的事能产生希望。大量研究表明：希望在增进人们对事物理解方面有神奇的力量。比如，被告知测验很难，无论如何也考不好的女学生，成绩会真的降低；生产线上被告知工作很麻烦、很费劲的工人，要比被告知工作很简单、很容易的工人的工作效率要低；被告知需要破解的谜语难度很大，只有研究生学历以上的人才能猜得出来的人，要比什么也不被告诉的人猜解得更慢。

在如何消化获得信息和采取相应的行动方面，我们自己和接受者对最终可以达到理解的希望，会起到极大的作用。如果我们自己都对达成理解不抱任何希望，那么就根本不会有足够的耐心与人家解释。要是我们想让人家理解，在说话的时候，除了要善于从宏观全局的角度解说一般的大体情况，还要给人家一点希望，比如说感觉对方资质很好、理解任何问题都不费吹灰之力一类的话语。在解说的过程中，要不断地鼓励对方，这样人家就比较有热情继续学习、继续理解。照此办理，我们就能够极大地增进

其他人的理解、记忆和应用能力，让别人感觉到我们很和善了。

7. 成为大人物身边的红人

很多人都有害怕大人物的畏惧心理。比如我以前的一个同事小苏，平时跟自己熟悉的朋友、同事或嘻嘻哈哈或一起工作办事，都做得风生水起，可是一旦遇到部门经理以上的大人物，就变得两腿发抖、张口结舌起来，跟领导说话往往词不达意、应对也不得体，平时的一半能力和气度都发挥不出来。看他那个别扭的样子，好像恨不得立刻挖开条地缝钻进去躲开领导。

小苏这种对大人物的畏惧心理，在很多年轻人，甚至多年的职场老前辈身上都有存在，不仅影响了自己的工作效果和交际圈子发展，也极大地限制了个人的事业发展。其实要消除对大人物的畏惧心理并不困难。

>>> 认可自己对权力的崇拜，消除畏惧的心理障碍

要想克服对大人物的畏惧心理，首先必须对自己对大人物的畏惧心理有一个理性的认识。崇拜并畏惧权力、金钱和名声是人类的通病，所以它并不算什么罪恶。所以我们大可不必因为自己对大人物的过分敏感而感到羞耻。我们对大人物心存畏惧，主要是畏惧对方所掌握的巨大权力、财富，而在人格上我们并不比他们差。

如果我们仔细研究历史就会发现，为了生存、为了生存得有质量，追名逐利是一般人的选择，淡泊名利是特殊现象。所谓傲世权贵、淡泊名利

只有双赢才能合作长久

的人，往往有比较复杂的时代背景。比如陶渊明的家族属于东晋朝廷的旧人，他出去做官时，正赶上新兴的刘宋家族开始培养自己的势力、蓄谋颠覆前朝。陶渊明这人脾气倔强，干脆就采取了非暴力不合作的政策，自己回家种地了。如果真能开开心心地做大官、发大财，陶老夫子也没傻帽到放着好好的官不做去种庄稼的程度。

>>> 认可大人物的身份、地位，不必愤世嫉俗

有些人见到大人物心存畏惧，实际上是一种复杂情绪的综合反应。除了敬畏，还有可能包含着敌意。敌视大人物的人往往有很强烈的逆反心理，在小时候因为和家长关系不好，结果产生了一种本能的对地位比自己高的人的反感。自己心存敌意，不愿意对大人物曲意逢迎，于是担心自己得不到对方的欢心，对方也很难喜欢自己。

但是又不可避免地出于一般社会心理，担心自己不讨对方喜欢的话有可能挨收拾。种种算计互相冲突牵制，在心理上无法形成一个绝对优势的行为指导原则，结果在见到大人物时，就会汗如雨下，不知道说什么好、做什么好。

成功者未必有德，更未必招人喜欢。人无完人，何况有些大人物的晋升之路的确充满了复杂情况呢。但是不管人家是否值得尊敬，不管对方出身如何卑微，不管人家做事情如何不堪入目，但是大人物就是大人物，人家毕竟是掌握权力、金钱并拥有声誉的成功者。我们可以不喜欢对方、不齿于对方的人品，但是必须尊重对方的身份、地位，这是社会的潜规则，也是明哲保身、不得罪人的需要。

除了对大人物的地位、身份给予充分的尊重，我们还应该理解这样一个事实：任何成功者都有其过人之处。很多问题理解角度不同，评价也就不一样。比如，有些人善于阿谀奉承，靠拉关系、走后门做到高位，从道德的角度看，固然是值得批判的，但是从纯粹技术的角度看，我们却不能

不佩服人家在沟通、组织能力方面的技巧。如果你能挖掘出大人物的独特优势，发自内心地认可对方，在跟对方相处时，比起虚情假意的情况，自然就要表现得亲切、真实、自然得多。

〉〉〉见面前多方了解对方，制定相应交际策略，不打无准备之仗

克服了上面涉及的两个心理问题后，接下来我们需要做点实际的工作了。在跟大人物见面前，为了克服自己的畏惧心理，绝不能打无把握的仗。具体来说，见面前要多方搜集对方的资料，多对大人物领导的组织机构的情况、特点进行调查研究，还要尽可能地兼顾这个人的个人兴趣爱好、最近关心的话题或事务等等。充分了解了对方的情况，才有共同语言，说起话来才心里有底，不至于有上句没下句地陷入尴尬境地。如果有必要的话，在见面前准备一份需要面呈的书面材料，见面时交给对方，就某些问题有的放矢地交流。这么做除了可以克服自己的畏惧心理，还可加深对方对自己的印象。

跟大人物见面前，还应该有一个心理准备，那就是见面时，自己可能捞不着多少说话的机会，主要就是听大人物讲。大人物喜欢说个不停的原因一般有这几个：显示自己的强势地位，显示自己有能力有水平，堵大伙的嘴以避免有人提意见或批评，不给别人说话的机会挑战自己的权威，无法让所有人都发表看法，索性自己独占话语权。

明白了这个道理，在跟大人物见面时，一旦你捞不着说话的机会，就不用再为对方不尊重你的意见甚至不给你面子的幻想而烦恼了。

〉〉〉要求提前见面时间并提前到达见面地点，抢占心理制高点

跟大人物交往，我们可以活学活用毛主席的兵书战策：在战略上轻视敌人，在战术上重视敌人。套过来就成了：在战略上尊重大人物，在战术

只有双赢才能
合作长久

上轻视大人物。

除了从心里认可大人物、接受自己应该尊重人家这一个事实，要想完全克服对大人物的畏惧心理，还必须在战术上压倒对方，采取先发制人的策略，占据心理上的主动权。

第一个可以使用的技巧是要求把见面的时间提前。要是你不习惯跟大人物接触，当然习惯的做法是千方百计地延后双方的会面时间，见面时摆出一副迫不得已的姿态，当然会很胆怯。反正迟早都要"死"一回，要是你肯大着胆子，跟对方提出提前见面时间的要求，反而会感觉不同。这么一要求，你就不是被动地被对方接见，而站到了积极主动的地位，占据了心理上的优势，从而在一定程度上不再感到畏惧。

第二个技巧是在见面的时候提前到达见面地点。比如跟某个单位大领导约好了在一个地方见面，要是你晚到了，你肯定会觉得不好意思。倘若发现对方姗姗来迟，虽然着急，却平生了一种优越感，看见对方的时候，感觉也会特别从容。这种心理在对方身上也是存在的。要是你用早到的方法，人为地把对方放到一个"迟到"的地位，你就可以占据对对方的心理优越感，可以更淡定从容地跟对方打交道了。

〉〉〉暗中挑对方缺点，消除面对大人物时的自卑意识

在身边熟悉的人眼里，即使是最伟大的英雄豪杰也不过是平常人。原因就在于"金无足赤、人无完人"。我们之所以经常觉得大人物是高高在上的，其实只是因为对他们缺乏足够的了解，而并不意味着他们真的是天上的星宿下凡。这个世界上没有任何一个人是毫无缺点的。经过一段时间的关注，我们可以发现任何一个人的缺点，问题只是多少和大小而已。

对于大人物，即使是那些真正的精英分子，我们在承认他们过人的才智、能力、优越的地位、身份的同时，我们还是可以认定：他们也不是神仙，肯定也存在缺点。

如果你在跟大人物交往时存在心理问题，不妨使用暗中挑对方缺点的方式，以赢得心理上的优越感，消除自身的畏惧心理。除了个人品质、言谈举止方面的问题可以作为挑剔的对象，对方的衣着打扮、家居陈设，以至于亲戚朋友身上存在的问题，都可以一股脑儿算在大人物账上，作为对方并不比你更高级的证据加以搜罗。这一招虽然有点阿Q精神，不过实战效果很不错。

需要明确的是瑕不掩瑜，大人物身上存在着缺点，并不意味着我们就可以藐视人家了。这个技巧的目的不是为了伤害对方，而是为了克服自身的心理问题，只限于自己私下研究。尤其不可以在发现对方的缺点后到处散布，也不可因为发现了对方的问题，当时就露出轻蔑的神色，甚至不再尊重对方了。那你可就是自寻死路了。

8. 忠义永远都是最好的招牌

人在集体中，在团队中取得成就高低的一个重要标志，就是能否跟上司搞好关系，在适当的时候获得提拔。要想与上司搞好关系，使自己在团队中尽可能快地获得升迁，的确是让很多涉世未深的年轻人感到困惑的问题。一些年轻人见到领导就两腿哆嗦，相处都困难，甭说获得他们的好感了。胆量大一些的，也往往把握不好分寸，主观上想跟上司搞好关系，却经常顾此失彼，过犹不及。

其实要跟上司搞好关系，最本质的就是让他感到你是他的左膀右臂，不仅忠实于他、听他的话，而且能帮他办事。假若上司对你产生了这样的感觉，你想不成为团队的大红人都难。

只有双赢才能
合作长久

个人的举动都是一清二楚的。

领导人物往往根据你能否领导群众对自己的讲话作出积极的响应,来判断你是否具有成为自己手下小头目的能力。如果你想从你的老板、上司、领导那里得到赞赏和提拔,记得在他们讲话时首先鼓掌或者第一个进行赞美。

自然,这一规律也适用于其他场合,如上司向广大人民群众讲话或发出行动号召的情况等。

>>> 善于为上司查缺补漏,做上司的警钟和救火车

人要全面发展其实只是一种向往而已。因为人过了25岁,再想改变性格、接受新生事物就越来越困难了。对于大多数人来说,学有所长、专精业务,才是在团队里脱颖而出、平步青云的关键。在跟上司相处方面,就是要补充上司的不足,在工作上有自己的特殊用途。

比如领导是个场面人,喜欢做面子文章,那你就得细致点,多跑跑业务、解决实际问题;如果领导喜欢亲自跑业务,你就得老实点、安心守家,把单位的事情摆弄明白;领导要是大刀阔斧、不善于算小账,你就得学会精打细算、量入为出。

另外在适当的时候,你还得针对领导注意不到的问题,提一些真知灼见。有的人也许会问:前面不是刚说过要对领导无条件地追随紧跟、坚决服从吗?提意见的话,领导不高兴怎么办?人与人之间,关系一般,千万别瞎提意见;关系深入发展了,一点真话不说,那反而说明自己虚情假意。

前面所说的要坚决服从领导,其实是针对一般情况下,不太严重的问题而言的。坚决服从领导,不是说就得盲从。如果领导领着大伙都快掉沟里去了,我们明明看出来了危险,还假装不知道,还在后面摇旗呐喊"加油"。这就是动机不良了。

面对领导工作中可能出现的严重问题，我们是可以建言建策的，而且这样才说明我们与领导是同心同力的。但一定要注意方式方法，照顾到领导的面子。

意见肯定是不可能一点不提的，上司也不是神仙能掐会算，保不齐就会作出错误的判断。在对方眼看要跌入深渊的时候，我们能拉对方一把，那是救命之恩，上司能不感动吗？问题是提了意见要讨人喜欢，不招人烦，这样才是高手。

>>> 善于维护上司的尊严，甘当衬托红花的绿叶

很多年轻人，尤其是学历较高、能力较强的年轻人，往往恃才傲物，看不惯一般的上司的老派做法，觉得他们不是素质太低、就是经验过时，而且不善于学习接受新科技、新方法，或者说话婆婆妈妈、办事拖拖拉拉。也有一些是因为上司搞不正之风、贪污腐败，所以产生很大的抵触情绪，在具体的工作和生活中，就有些不买上司的账、不给上司面子。

一般来说，年轻人对某些上司的看法，并非全无道理，但是还应该看到的是，在一个团队里，等级秩序、上下尊卑，也是保障工作正常运行的必要条件；从私人的角度看，上司之所以成为上司，必定有他的值得年轻人学习的独到之处，何况上司的官大权大，往往掌握着更多的人脉关系、物质资源和人力资源，你要是得罪了上司，不说从对方那里得不到什么好处、学不到什么经验吧，至少被隔三岔五地穿个小鞋，你还怎么顺利地开展自己的工作呢？

聪明的员工，于公于私，都得学会维护领导的尊严。给领导面子，领导才会给你面子。一个善于维护上司面子的聪明下属，至少应该在跟上司相处的过程中，注意以下几个基本的方面：

只有双赢才能合作长久

◇上司出现失误或问题时，不要当着众人的面挑毛病

有的人不会当下属，也是性格使然。他们快人快语，一旦发现上司出了问题，立刻大呼小叫地唯恐天下不乱。比如，某公司开年终表彰大会，总经理一时含糊，记错了一个数据说："今年部门调整压缩到12个，但是减人不减效，我们取得的成绩还是很丰硕的。"下面忽然有个员工站起来打断说："说错了！说错了！算上后勤应该是13个部门。"结果现场一片哗然。总经理一时脸憋得通红，不知道说什么才好。你说他能不恨死那个当面驳他面子的员工吗？

纠正领导的问题不是不可以。但一定要注意讲究方法，注意时机、策略。都有些什么策略呢，下面听我一一道来：

◇不要抢上司的风头

在公共场合要注意尊卑有序，尽可能地顺着上司来，给上司面子，让上司有机会多表现、脸上有光。有一个主编带着一个小编辑肖凡去内蒙古草原上参加活动。接待的蒙古族主人对两个人不是很熟，安排座位时感觉两位年纪差不多，就把小编辑让到了主客的位置上，小编辑当时也没仔细考虑，就坦然接受下来，跟主人一起推杯换盏、大吃大喝。主编被屈居末座，当时不便发作，心里却气愤地要命，事后狠狠修理了小编辑一顿。以后凡有应酬，再不肯带小编辑同往。

◇不在别人面前跟上司显得过于亲近和随便

上司有时候需要摆官架子压人，如果下属在公开场合跟自己过于亲近、随便，他们不会欣赏你在这个时候跟自己套近乎，却会担心自己的威严和权威受到挑战。

有些人和上司的关系处理得不错，在私下场合勾肩搭背、称兄道弟，但需要注意的是，在公开的正式场合，千万要避免跟上司嘻嘻哈哈、随随便便的情况出现，应该尽可能地尊重上司的地位、维护上司的权威。这样才不辜负相互之间的哥们义气。如果你不这样做，领导当面不说，背后却有可能鄙视你蹬鼻子上脸。

至于那些跟上司关系一般，仅仅限于工作关系的下属，更不要随便跟上司乱套近乎、开玩笑。因为缺乏感情基础和相互了解，对方很容易把你的无心之语，甚至曲意逢迎当成蓄意的挑衅或讽刺。

◇**上司有理亏的地方要给对方台阶下**

得饶人处且饶人；与人方便，自己方便。跟上司打交道尤其是这样。得理不让人，跟上司较劲，吃亏的最后还是自己。年轻漂亮的女大学毕业生美萍，被男主管不怀好意地摸了一下大腿，立刻不依不饶地告到总经理那里，搞得大家都很没面子。总经理狠狠训斥了主管，但事后美萍还是得在对方手底下干工作，结果两人总闹别扭，美萍勉强干了一段时间，不得不辞职。

要是美萍精灵点，遭遇主管性骚扰时，可以半真半假地给对方戴高帽子说："别考验我的定力啊，我这个人可是冰清玉洁的，从来不在本单位乱搞男女关系。您再怎么试探我，我也不会上当的！我知道您品德特高尚，所以也特别注意关心同志们的思想道德觉悟。您不用再考验我了，就我有那心，也绝对不敢在您这么英明正直的领导手下胡来啊。"

主管听了美萍的说法，必定知趣地顺坡下驴说："哈哈！看不出来，你这小姑娘还真有心眼。我不考验你考验谁啊？谁让咱们一个部门呢。说实在的，你这个姑娘生得太漂亮了，对你还真有点不放心。现在好了，我知道你是什么人了。"这么打完了圆场，上司说不定还要弄假成真地假装关心美萍一番，比如介绍一些单位里的危险人物给美萍，以及如何对付他们的办法等等。

如此一来，美萍按照我们所说的后一种方法对付主管，她就可以在自保的同时，并不得罪上司，这又何乐而不为呢。

◇**在私人交往中，仍旧把上司当成领导看待**

即使在非工作的场合，仍然不要忘记了注意尊重上司、维护上司的尊严。中国人讲究人情，虽然不可能避免功利性的取舍，但一般来说是非常鄙薄势利小人的。理论上在非工作的场合中，上司不再是上司，双方不再

只有双赢才能合作长久

发生关系,就应该把职场中的繁文缛节丢到一边。但实际上,如果我们在工作场合对待上司一个样,在私人交往中对待上司一个样,上司就会觉得,你对自己的尊重,并非发自真心,完全是出于功利性的考虑,是一个两面三刀的人,没有人情味,而且很不可靠。

除了这个方面,要是你在私人交往中过于张扬,伤害了上司的感情或者损害了上司的利益,对方也多半会在回到单位后设法把损失找平,这样我们受到的伤害可就大了。

◇不要冒犯上司的习惯

每个人都有一些多年养成的生活习惯,领导自然也不例外。有的上司喜欢吞云吐雾、有的领导喜欢喝酒、有的领导喜欢午休时间打扑克……摊上了有特殊趣味的领导,我们实在没办法紧跟其后,与之同荣辱共进退,但起码不要对领导的偏好挑三拣四、甚至粗暴干涉。

比如,浩天刚参加工作时,发现部门经理老是蹲在厕所里吸烟,原来办公室的其他三位女同事都坚决主张吸烟有害健康,联合在一起不许经理抽烟。可是经理几十年的老烟民了,嘴里虽不说,心理却不开心,后来终于渐渐地换上新人,把三位女同事挤走。浩天等新人,眼见惨痛的历史经验教训,他再不敢跟经理顶牛。

◇韬光养晦,不要让上司觉得自己不如你

上司理性上希望自己的下属个个才华出众、能力过人,帮自己分忧,感情上却希望自己的手下资质平庸,便于管理,这就是上司跟下属博弈的心理现实。除了担心过于精明的下属抢班夺权,一个事事都走在上司前面,想得比上司还全面的下属,实际上也是对领导威信和权威的巨大挑战,难怪上司会感觉不爽。仔细想想,其实也有道理,在一部配角光芒比主角还耀眼的电影里,主角该怎么表演呢?

聪明的下属得明白一个现实:好的下属就不应该比领导更优秀。适当地韬光养晦,隐藏个人的锋芒,避免出现与领导"抢镜头"的情况,是个人在团队里避免来自上司的嫉妒、打压的不二法门。

◇绝对不在背后说上司的坏话

有些人就是不明白只有自己的肚子才是闲话最可靠的保险箱。有些人对上司不怎么满意，会上不说，会后乱说，或非议上司的错误和毛病，或传播一些有关上司、道听途说的小道消息……

一时的怒气是发泄了，殊不知任何类型的坏话、闲话，只要说了，就有可能以各种各样的不同形式传到上司耳朵里面去。等后来同事一个个飞黄腾达，自己还在坐冷板凳，甚至被扫地出门时，再后悔也没有用了。

古人说：隔墙有耳。原因就是人心叵测，不可不防。尤其职场里派系复杂，涉及利益纷争，面和心不和，表面上一团火，背后给你下绊子的人太多了。除了有意害人的，还有就是也没有什么坏心眼，但是喜欢传话，这样的人也害人不浅。不管有意害人还是无心害人，都是可以害死人的。更何况生活中还有一些不可预测、莫名其妙的因素呢。

比如小苏下班和老同学们聚会，同学都是外单位的，自以为说说单位的事情无所谓，就在饭店里点名道姓地抨击领导。却不知隔桌的客人中，有一位恰好是上司的亲戚，暗中记下了小苏，事后没话找话告诉了小苏的上司。小苏平时跟上司本来关系还不错，喝了点酒，加上喜欢跟同学闲扯，结果就拿上司说事。莫名其妙地就得罪了上司。

背后不说别人的坏话其实也是一种美德，何况这样又避免了技术性的错误，你为什么非贪图一时的嘴痛快耽误大事不可呢？

>>> 勤于跟上司沟通、接触，让对方了解、信任你

经常和上司沟通，至少有两个好处：首先，人都是有感情的，和上司混熟了，对方对我们产生感情，以后有好事就有可能第一个想起我们；万一有什么把柄落在人家手里，看在熟人的分儿上，也不好怎么样为难。另外，经常跟上司在一起，双方互相熟悉情况，上司就会对我们产生安全感和依赖性，慢慢地不拿我们当外人，这样就有可能被发展成为将来公司的

只有双赢才能合作长久

核心成员，以后好处自然如滔滔江水滚滚而来。

跟上司在一起，说什么是个问题。除了说工作的情况或闲扯国际风云，我们还可以把跟其他同事在一起时收听到的各种情报汇总一下，及时地反馈给领导。所有的上司都迷恋特务政治，因为要完全控制属下、掌握属下的情况实在是很难。一个上司若能从属下口中及时得到情报，就可以作出正确的判断，在业务和管理工作中占据先机。无论情况大小，都能及时传递给上司的手下，自然会受到上司的重视。

明太祖朱元璋、清圣祖玄烨等英明领袖鼓励大臣打小报告，一般的小领导更不在话下。不过值得注意的是，我们在传播这些信息的时候，一定要实事求是、正气凛然，万不可歪曲事实、乱传瞎话，这样上司才会尊重我们的为人，重视我们的情报的价值，把我们当成可以信赖的专门处理特殊任务的007。

除此以外，与上司沟通、来往不能超越了一定的界限。因为如果和上司来往过于亲密，这就不是好事了。这个界限是什么呢？那就是避免了解上司的秘密，无论是私事还是公事，都尽可能地不要了解。一旦了解了，也要装聋作哑，假装不知道。一旦上司意识到我们掌握了他的命门，你们的亲密关系就会变得非常尴尬。你就不再是上司的贴心小棉袄，而是背上的芒刺了。

另外，跟某个上司走得过于亲密，也会招致同事和其他上司的嫉妒、反感，其中的分寸一定得把握好。

9. 花小钱和同事搞大关系

在团队中，除了与上司的关系，就是与同事的关系最重要了。工作中，需要跟同事互相依靠支持；生活中，也少不了互相照应、交流交流感情。同事关系之所以重要，不仅体现在平时，更体现在出现特殊情况的时候。假设我今天想早点下班，领导又联系不上，却觉得没有任何一个同事可以放心让对方帮我；或者假设我最近准备搬家、结婚，却想不起哪些同事可以给我帮忙，那我就得注意自己的同事关系了。

要改善自己的同事关系，有以下几个技巧效果不错，可供你参考。

>>> 经常对同事进行鼓励、表扬，传达出你的善意

其实从另一种意义上来说，成年人无非就是长大了的小女孩和小男孩，仍然非常在意别人对自己的看法。要是那些他们很看重的人注意不到自己的成就和努力，他们也许不会哭鼻子，但是也一样会感到难过的。反之，若是我们能经常给同事以积极的肯定和赞赏，我们的同事就会把你当成自己的知音、伯乐，至少也得说你这人对自己不错，从而拉近你们的关系。

经常给同事以积极的肯定和赞赏，这个技巧的要点在于用短平快的方式、频繁地表达对同事的好感，而不必搜肠刮肚地罗织完美的词令。只要看见同事完成了某项工作、取得了一些微小进步，就都可以用类似"你这回干得不赖"的套路夸奖对方一下。比如你可以在办公室里经常小小地表扬一下同事：

只有双赢才能
合作长久

"你今天表现得不错啊,小苏。"

"你这工作完成得挺利索啊,凯丽。"

"今天会上你作的这个发言不错,雪莉。"

如果碰巧同事穿了一身新西装来上班,你也可以面带欣赏地赞美一番:"你穿这身衣服太帅了!这是哪国的名牌啊?得花多少钱?"或者也可以逗对方说:"今天怎么打扮得这么漂亮?相亲去啊?"类似的,对方穿了一双新鞋子、刚理了头发或者烫了一个新发型、甚至背了个新包,你都可以套用上面的模式,给对方的心灵按摩一下。

不过需要注意的是,我们这么说的时候,不能过于频繁,说的事情也多少要有点影子,不能信口雌黄。否则人家不仅不会因受到表扬感到高兴,反而会心生疑窦:"这人怎么这么虚伪呢?"

>>> 不时给同事一些小恩小惠,密切双方的关系

光捡好听的话说只是处理好同事关系的一个方面,不过光说漂亮话,一点实事不做,时间长了,人家就会觉得这个人很虚伪。《水浒传》里的宋江被人们称为"及时雨",这是什么意思呢?其实就是在其他人落魄需要帮忙时,一点也不小气,舍得花钱帮助渡过难关。

最典型的例子是打虎英雄武松与宋江初次见面时,宋江正在柴进庄上避风头,但就算如此还是拿出了不少银子支援兄弟。其实武松、李逵这些在江湖上杀人不眨眼的莽汉肯听命于宋江,重要的一个原因就是宋江这个人不小气,自己有钱舍得跟兄弟们分享。

古人说:君子行小惠,则可以使人。意思是当领导、做大官的,给别人一点小恩小惠,然后别人就感激涕零,肯在关键的时候替自己出力气。当然了,我们平时和同事相处,大家都是友好平等、互惠互利的关系,给对方一点好处,绝对不是收买人。

首先,除非这个人是上司、收入多、掌握的资源多,我们想收买也收

买不起；其次，同事之间的物质交流往往是双方的，只要对方不是没良心的浑人，基本上不可能总让你吃亏自己占便宜。当然了，同事平时有接受了你的恩惠的基础，万一你有事情的时候，也好意思向人家求助，对方也会更乐于帮助你。但跟同事进行物质交流，最主要的目的是用物质交流的方法，弥补精神交流的不足。

当今的中国已经市场经济化，大家的工作单位中人员的流动性很大，就是流动性小的地方，由于人际关系的复杂，大家为了自保，通常的做法也是"逢人只说三分话，未可全抛一片心"（后面还要专门说说这个问题），但这种做法，必然会影响同事之间的关系，为了弥补同事之间的生疏关系，就有必要加大物质交流的力度，联系双方的感情。物质的东西是死的，不会口不择言说错话，所以相对来说，风险较小，但却同样可以使对方意识到你的真诚和善意，拉近双方的心理距离。

具体做起来，也不是非得花很多钱请人去大饭店喝酒——当然，能这样做更好——重要的是抓住一切机会，用物质交流的方式表达你的善意。

不过需要注意的是，要是你无缘无故地忽然约对方出去大吃大喝或者给人家送礼，未免显得过于突兀，自然不好，所以必须寻找适当的时机，顺势而为。

比如说，对方生日到了，我们就可以发动其他同事集资，给对方搞一个小型的生日聚会，同时送点礼物。礼轻情义重。对方升官了，如果举办庆祝活动，你一定要及时出现，说点好听的场面话。或者从老家回来带点土特产分给大家；去外地旅游归来，带点纪念品送给大家看个稀奇；或者午休时一起分享点小食品；一起出去办事时，给同事花儿块钱买瓶饮料，请同事吃顿饭——对了，说到吃饭，接下来还有一些东西需要深入地说明一下。

只有双赢才能合作长久

>>> 跟同事一起吃喝玩乐，培养志同道合的团队意识

有些办事过于认真的人，最讨厌跟同事一起吃吃喝喝，更甭提一起出去找乐子了。但我们想跟同事处好关系，跟同事一起吃喝玩乐却是不可缺少的一个环节。同事一起吃喝玩乐，绝对不仅仅是人类为了满足贪婪欲望所进行的集体狂欢那么简单。

在日本，职场人士在下班后一起出去过夜生活，直到午夜前后才回家的现象非常普遍。原因在于，日本人极其强调等级秩序，同事之间，也包括上下级这种广义的同事之间，在公司、单位里都是一本正经、板起脸孔做事。为了缓和上下级、同级之间在工作中形成的紧张关系，日本人遂变得热衷于在下班后通过聚会的方式协调人际关系。

咱中国人在职场里没日本人那么严肃，但工余时间吃喝玩乐，表面上是休闲，其实吃的也还是"工作餐"。

跟同事啰唆说没用的话、卷入是非旋涡，或者一不小心说了对自己不利的话，那自然不妙，不过，我们不能因噎废食，重要的是看住自己的舌头别瞎说。在跟同事一起吃喝玩乐时进行的闲谈里，其实我们还是可以得到很多有价值的情报：比如本单位的大政方针、人事变动，具体工作中的经验和窍门或部门之间存在的问题等等。信息就是财富，你掌握的信息越是丰富，你站得越高、看得越远。

自然，为了密切同事之间的关系，为了更顺利地开展工作，这种时间和金钱上的"浪费"，有时就得狠狠心咬牙硬撑。跟同事一起吃饭的一个重要时间是午餐时间，此时跟同事一起吃饭，多半还是占公家的"便宜"，既省时间，又不显得处心积虑地拉关系。要是你实在太忙，也不用天天跟大家腻在一起，每星期抽空一起吃一两次就可以了。

为了进一步密切同事关系，还可以找借口，比如顺利完成了一件工作、自己过生日等等，不时请大家下馆子撮一顿。

下班后大家一起凑份子或轮流做东，吃完饭再唱唱歌，也是不错的选

择。在休闲娱乐的场所,两杯啤酒下肚,大家都会变得更轻松自在,谈起话来也更随便一些,自然容易混熟。跟同事一起去看电影、看演唱会,周末到公园、体育馆打打乒乓球、羽毛球、篮球,也是不错的选择。如果我们没有兴趣自己组织这类活动,别人组织的时候,一定要积极响应,踊跃参加。

现在互联网大行其道,大家无论在办公室还是在家里,都免不了做上网闲谈、游戏之类的消遣,一起玩玩斗地主、拱猪,或者在魔兽世界里结队PK,打打小怪兽,也能拉近彼此之间的兄弟姐妹情谊。

或者我们和别人的兴趣全不一样,是不是非得委曲求全、勉强自己取悦别人呢?这倒不必,而且效果也不好。一起玩是为了密切感情,要是表现出有意而为的动机,反而容易引起同事的反感。消遣游乐的方法有很多,只要我们耐心寻找,不难发现,也不难培养出跟大多数同事兴趣趋向一致的路子来。

同事坐在一起,没事时侃大山也是大多数人打发时间的重要方式。在这个时候,跟同事有共同语言是很重要的,比如大多数男性对体育运动感兴趣,要是你不喜欢谈论这种话题,那你跟那些开口闭口NBA、甲A、世界杯的人在一起时就会无话可说。要是你有体育迷或者其他类型的话痨同事,为了融入他们的小圈子,适当地多看看电视、报纸、网络新闻,摸摸对方的闲谈底牌,也是可行的。

〉〉〉不要什么话都跟同事说,避免口舌上招是非

要想在单位得到同事的尊重,就不应该让同事看出我们有多大的勇气和智慧。有时候,我们可以与我们的上司表露自己的真实想法、负面的情绪和能力的局限性,这常常可以帮助我们赢得上司的信任。但是,这仅仅限于针对上司,如果毫无保留地向同事,甚至下属倾诉衷肠,那我们就会被同级别和低级别的人看透,这样对方就有可能轻视甚至利用我们的弱点。反

只有双赢才能合作长久

之,如果同事无法预测我们的能力的极限,就会对我们心生尊敬之心。

从管理学的方面来说,向上的信息渠道应该尽可能畅通,向下的信息渠道应该适当地有所控制。处于金字塔等级体系中的特定员工,作为下属,尽可能地将负面信息反馈给上司,有利于上司针对性地做出正确的决策;而作为上司,若是将掌握的负面信息过多地向同级或下级发布,就有可能导致同事或者下级对权威、目标丧失信心,从而造成恐慌和混乱。

有鉴于此,聪明人跟同事交往,虽然总体上要坦诚相待,但是对那些如果传播出去,会对自己、对集体的事业造成不利的信息,还是得话到嘴边留三分。

第一,可造成同事对自己产生负面印象的话,不要跟同事说。同事之间既是合作者又是竞争者,这种复杂的关系决定了同事之间,尤其是在涉及双方利益有冲突的问题时,会不可避免地产生一些矛盾和冲突。毫无保留地暴露自己的真实情况,交往中不注意分寸,都有可能引发同事对我们的人品和能力作出负面的评价,招致对方的轻视和欺侮。另外,平时的时候,大家关系都不错,胡乱说话问题固然不大,但一旦涉及到个人利害,人为了维护自己,就有可能不择手段。这种时候,我们从前无心透露出的自己的弱点或糗事,就有可能成为处于竞争地位的同事攻击的利器,那时候可就真是叫天天不应、叫地地不灵了。

第二,不要无端挑同事的毛病。同事之间,朝夕相处,时间长了,就不怎么顾及分寸,喜欢互相开玩笑、斗嘴,弄得不好,就容易伤害彼此的感情。逞一时口舌之快的行为,最好能避免就避免。尤其不要揭人家的老底,拿人家的隐私、痛处说事,专门给人家难堪。杀人一万,自损三千。你可能一时占据上风,可事后难保不处于下风。相敬如宾,才是智者所为。

第三,不要跟同事批评、指责上司或其他同事。每个人在单位里都会有比较知心的同事,工作中遇到麻烦、困扰,就会习惯性地跟对方倾诉一下,释放一下心理压力。但在这种情况下,说的话往往是指向上司、其他同事的批评、指责或抱怨之词。这些话没准就会传到上司、其他同事耳朵里面，从长远看就会影响你的人际关系。

10. 让同事不计报酬为你做事

一群工人在车间里安装电动机，其中包括担任主要职责的几个钳工和几个起重工人。数吨重的电动机非常笨重，工人们费力地反复调整着位置，都有些厌烦。只有钳工小吴蹲在底座旁目测距离，不时提示其他工人用工具调整电动机的位置。

"说你呢！利索点！往左点，听见没？"小吴见右边角上的一个起重工有点走神，配合不了大家的动作，就没好气地冲他吆喝起来。

"你说谁呢？"被吆喝的起重工人脸色立刻就变了，随即撤回手里的撬棍。只听见"嘭"的一声，电动机的一个支脚随即落地歪向了一边。愤怒的起重工，挥手招呼自己工种的人马，离开了工作现场。剩下发呆的小吴和其他沉默的钳工们。

小吴究竟犯了什么不可饶恕的错误，得罪了起重工人们呢？

蛇无头不行，同事们之间一起工作，在上司不在的时候，也往往有一个因威望、资历或年龄而自然形成的"头儿"，或上司临时委派一个同事带着大家一起做点工作。

问题是，同事之间属于平级，并无隶属关系，有时候，被领导的人往往还比临时领导者的资历要高、年纪更大。所谓名不正则言不顺，被领导的人本来就可能潜藏着不服气的心理，要是担负临时责任的"头儿"再不注意领导的技巧，就常常引起被领导者的反感情绪。类似的情况，在权力比

只有双赢才能
合作长久

较小的基层干部领导其他员工工作时，也不同程度地存在着。人们常说，兵头将尾最难当，问题就在于此。

这就要求，暂时担负领导责任的人，在要求其他同事配合自己工作时，需要注意工作态度和工作方法。否则的话，就很容易造成顶牛现象，不仅工作干不好，还会把同事关系搞僵。

没有职权或没有足够的权威，却去领导人，有时候是很恐怖的，因为你的领导在某种程度上是不那么合理的，人家的不服从或反对却是合理的。能让自己无权领导的人服服帖帖地听自己的话，的确是考验一个人有没有资格当领导的重要标准呢。

在要求我们无权领导的同事配合工作时，可以采用的技巧有这样两个：那就是让被领导者自主选择服从领导的方式和从情感的角度跟同事说明问题。

〉〉〉提供多个选项，让被领导者有选择被领导方式的自主性

你会怎样教育孩子听话呢？要是你的孩子在应该睡觉的时候不肯上床睡觉或者不肯穿衣服，你是怎么处理的？一个非常有效的方法是利用前面说过的第一个技巧：让孩子自主选择被领导的方式。通过给小孩提供一些实际上都符合你的要求的选项，让小孩在服从你的过程中有主动参与的成分，小孩就会乖乖地跟你合作了。

比如习惯上我们可能会直接跟小孩说："吃饭了，赶紧坐到桌子旁边去。"小孩听了命令，就可能有抵触情绪，继续到处乱跑。但要是我们这样跟孩子说："吃饭了，你想坐在窗户旁边还是坐在电视对面啊？"小孩就会觉得自己是比较自由的，想干啥就干啥，就会乐于听从你的命令。在心理上没了抵触，行动上就会立刻跟你合作。

这个规律不仅适用于孩子，也适用于成年人。研究显示，有些处于监禁状态缺乏行动自由的犯人，会试图对自己的生活环境进行控制，比如移

动床的位置，来回调整活动室的电视机的亮度和色彩浓度，而这些行为会在一定程度上缓解他们的心理压力，降低其暴力倾向。还有研究表明，那些被授予灵活机动权力的员工，在完成工作时往往有更高的积极性。

人，其中当然也包括小孩和你的同事，需要一种能够自由支配自己行动的安全感。要是他们得不到这种安全感，他们就会陷入焦虑，严重的情况下就会导致逆反行为。长此以往，还有可能导致行为和心理问题。

继续拿前面钳工小吴遭遇的情况说明问题，在他需要起重工同事配合自己的时候，除了注意语气口吻方面的问题——因为自己毕竟不是人家的领导——还可以用设置可选项的方式，给予起重工同事自主选择服从方式的自由，消除其抵触心理，接受小吴的指挥。比如他要是能这么说的话："嘿，往左点还是往右点？我看是往左点好，你看呢？"对方的抵触情绪就会大大减弱。当然这么说话的确有点费劲，不过也是没有办法的事情。

〉〉〉用情感逻辑说明问题，公事私办

可以用来让同事听话的第二个技巧是，用情感逻辑而不是理性的逻辑跟同事说明问题。有很多事情，明明是对同事有现实好处的，或者至少也是同事职责范围内的，但是我们不能和同事讲大道理，说自己的要求是对方分内的事。我们必须把要同事接受领导的理由，从冷冰冰的大道理转化成彼此之间的私人情谊，从公事私办的角度来要求对方的合作。

比如说我是电脑公司的机修人员，老板不在，我接了客户的投诉电话，想让一个同事去修电脑，说什么"公司花钱雇你就是要你来干活的，我虽然是临时负责但也是领导级别，我必须留下来看家，你闲着没事所以要你修电脑"之类的话，稍微厉害点的同事要是不跟你开掐才怪。

但要是跟同事诉苦说："这电脑要不赶紧修好，老板回来能把我吃了！还要我看着这个破电话，我也没空去修啊。哥们，你出去帮我修一下，你看怎么样？"对方要是不反常的话，当然会美滋滋地拎起工具包出门的。

> 只有双赢才能
> **合作长久**

我这么一说的时候，就营造了一个可以接受的情感的逻辑：客户的电脑修不好，继续来投诉，老板回来要收拾我。而同事去修电脑，等于是帮了我的忙，而不是被我所支配。是帮助人，而不是被没权领导自己的人所领导，同事由于不会产生自卑感，就比较容易接受。

11. 在职场中人际关系是决定因素

要想为升职打好人际关系基础，可以从以下几个方面着手：

>>> 经常赞美上司和同事，提升自己的亲和力

在前面，我们曾经建议过，要招人喜欢，就得经常和上司、同事多沟通。估计我们平时一定没少下这方面的工夫，但是我们还做得不够充分。因为一个想在团体中升任高职的人，就得更加努力地经常赞美上司和同事。只要抓到机会，就要赞美或者对他人表示欣赏。领导在会上发言，会后恰好跟我们一起出门，我们就可以说："主任，你刚才讲得太深刻了。我都崇拜您了，有机会得跟您仔细学习一下。"

对于上司来说，喜欢听人赞美自己，并不简单的是一个虚荣心的问题。作为领导，在讲话或者发布命令后，最怕的是没人理睬、大家都不听自己的。而你率先赞美，实际上相当于在宣传舆论阵地上在对领导的工作予以支持，可起到引导群众的作用。

为了不时所需，领导都喜欢身边能有这么一两个人，能在关键时刻挺身而出，说一些好听的话，带动大家一起行动起来，支持自己的工作。如

果你幸而被领导发现有这方面的潜质，其他方面还不比别人差，就有可能被提拔起来。

>>> 帮同事做忙不过来的工作，尽可能地把握表现自己的机会

帮同事做忙不过来的工作，意味着你帮助他们填补了他们本来没指望能填补的空隙。只要有同事有事情忙不过来了，你恰巧有空，就可以过去援助。在帮同事做工作的时候，你有可能学习到额外的经验，获得额外的信息，也有可能因此结识一些平时接触不到的人。

比方说，相邻销售部的佳美正要出门去给领导送账目，却有个客户不知好歹地过来缠着她问这问那。工程部的小苏此时恰好无事可做，要是聪明的话，就可以跟佳美说："佳美，你先陪客户吧，这摞账目给我，我替你交给你们头儿。"

自然，小苏帮佳美肯定不会白帮，至少进过一次主管销售的副总的办公室，跟销售副总混了个脸熟，拉上了关系。以后就可以有事没事地走动走动了。万一领导有空，就跟对方海阔天空地聊点什么。变成熟人以后，不一定什么时候，就有借重对方的地方。

风物长宜放眼量。有些时候，帮同事做事的确没有直接见效的眼前的好处，不过，却对长远的凝聚人气至关重要。

>>> 帮助同事提升自己，让人们认可你的领导能力

每个人不可避免地有自身的局限性，也都有自己的优点。这意味着我们每个人都有帮助他人的潜力。比如说你现在看这本书，就是在努力追求进步，改进自己的不足，这说明你这个人有强烈的上进心，善于学习，很可能是一支潜力股。你学会了什么，不光可以自己学以致用，还可以用自己的知识，帮助有同样或者类似问题的同事提升自己。要实事求是地帮他

只有双赢才能合作长久

们分析自己的问题,并对他们所取得的微小进步不断地鼓励。除了为人处世这方面,也不妨跟同事经常在业务上进行交流,帮助同事提高工作能力,改进工作方法。

同事会钦佩你的学识和追求卓越的精神,同时被你的真诚和友善所感动,在不知不觉中跟你建立起一种潜在的师生关系。其实在教别人的过程中,你不仅可以巩固过去的知识,还往往能从中获得新的启发,或同时从对方那里学到别的经验和知识。

〉〉〉经常向你所敬重的人征求意见,让有权威的人接纳你

不管我们对事物有无自身的确定看法,还是要经常走进你所敬重的人(这些人可以是本部门、其他部门或越级的上司,也可以是团队中有实力或有威望的人物)的办公室或家里,真诚积极地征求对方的意见,即使你跟他们的看法不同。

人们都喜欢别人向自己请教问题,因为这意味着对方认可自己的权威和更优越的地位。当我们请教的人是一个上司时,对方会觉得这种请教本身即带有表示服从领导的意味。领导怎么可能不喜欢提拔对自己服从的部下做自己的帮手呢?这种喜欢在未来就有可能成为左右我们是否能升职的关键。

12. 做个人见人服的领导

如果你拥有伟大的构想，还拥有明确的行动计划，那么你早晚能改变世界。不过，必须除一种情况外，那就是没人追随你的那种情况。独木不成林，单丝不成线。世界上几乎没有一件伟业是靠单打独斗完成的。即使是英雄人物也必须依靠群众的支持才能办成大事。

领导能力一般可以分成两个互相联系的部分，第一个部分是领导的个性品质，第二个部分是领导的技巧。要想成为一个有影响力的领袖，你自身必须有较高的素质，"打铁还得自身硬"；你还得掌握一定的领导技巧，否则的话，你就不能应付复杂的上下级关系。

>>> 打铁还得自身硬，做领导必须有超强的个人素质

◇ 知人

领导能力强，也就是对他人有强大的影响力，在某种程度上，意味着能想人们之所想。如果我们能了解别人，我们就能根据对方的需要、愿望和欲求，有针对性地启发、诱导他人，使他人接受我们的领导。不过需要记住的是，光知道还不够，还必须以真正关心人们的福祉为目的。要是我们只是浮皮潦草地忽悠人，眼睛雪亮的群众是能感觉出来的。除非真正认可我们所提倡的事物的价值，否则人们是不会积极地响应我们的。

想要做到真正地知人，我们就不能脱离群众，必须老老实实地和群众打成一片。想要群众接受认可你，一个前提条件是你得谦虚谨慎，赢得民心。

只有双赢才能合作长久

◇谦卑

做领导,光为人民服务是不够的,跟一般的想法相反,自我意识太强并不能造就伟大的领袖。

群众什么事情都帮你想、什么事情都支持你、什么话都跟你说,那你做领导就轻松;群众跟你貌合神离、阳奉阴违,甚至巴不得你赶紧下台,背后下绊子,那你这领导当的,可想而知,一定是费力不讨好的。

那些自我意识强烈的领导,依靠权力压制和散布恐惧来统治人,一旦权力和恐惧消失了,他们的影响力也就没有了。历史上有很多君主、政治领导人和军事统帅,最后走上了孤家寡人的穷途末路,原因无非是自我意识太强。据说最好的领导者,往往就是那些本来不愿意做领导,被形势推上权力高峰的人。那些一心想当领导的官迷,因为对权力的欲望过强,反而做不好领导。

不要因为自己是管人的,就对每个人都颐指气使,这种做法只会使我们失去人们的尊重,并找到拒绝接受我们指挥的借口。连自己都领导不好的人,怎么能领导好其他人呢?

要尊重每一个人,首先就不能自高自大。不要老想着自己有多伟大、多重要,多想想自己的弱点和不足。通过尊重关心每一个人,你能获得所有伟大领袖必不可少的一项品质:领袖魅力!这种神奇品质,不是通过展示你自己如何伟大能获得的,而是通过向人们展示人们是如何重要而获得的。

人们心甘情愿地追随只会献给那些使他们感觉到自己很好很有价值的人,而不是那些使他们觉得自己很渺小很无能的人。杰出的领袖人物从不试图让人们相信自己,他们只是向人们展示自己有多相信对方。

记住永远不要把自己摆在比别人高出一截的位置上,但是要永远比别人更积极主动地承担领导的责任,做应该做的事情。

◇有条理还要有灵活性

最能影响人、领导人的领导风格是干脆利落。优柔寡断、乱七八糟的领导,谁摊上了都要大皱眉头。作为领导,向下属发布命令一定要清楚、明白、直接。让别人按照自己的意图办事,一定要把任务分配布置得清楚明白的。如果你的计划充满了例外情况,而且目标一点也不明确,人们就不会产生持续工作的兴趣,不会继续支持我们。

还要记住当领导的也不能太教条。要是人家把你当成一个很固执的人,那就意味着我们在人家的心目中是一个缺乏理性、不通情理的人。保持一定的灵活性,会给人留下我们很实际的感觉;只要我们能把握好坚持自己的意见与接受群众建议之间的分寸,就不会被人家当成没原则的人。

◇不感情用事

一个负责任、有权威的领导一定是有所为有所不为的。首先,注意不能把感情和权威当成一回事。重感情的人显得比较有人情味,这很好,可是多愁善感会使你显得缺乏自信,丧失威信。

对那些过分讲感情的上司,群众会很喜欢,但却很少有人愿意追随服从。

〉〉〉没有驾驭人的权术和手段,就应付不了复杂的人和复杂的事

要是你恰好具备上面所说的全部个人素质,那么就初步赢得了下属的好感、信服和支持。但是要想同志们老实地为你办事,没有一定的管人方法和技巧,照样还是白费。职场中谁不想当老大呢,每个人都不是省油的灯,不会随便地就听你摆布。你要想大家对你服气,就得有自己的一套方法。接下来我们研究领导能力的第二方面的内容:领导的技巧。

◇不必事必躬亲

做领导的最重要的一个技巧,是知道在恰当的时机用恰当的方式发号施令,领导人是持续地取得成功,还是很快就下台走人,很大程度上取决于如何处理这个问题。

在恰当的时机用恰当的方式发号施令,这个问题的实质是,对于领导来说,对具体事务的参与在多大程度上是合理的。对人员和事务的控制,

只有双赢才能合作长久

应该是民主点好还是专制点好呢？

有学者认为，诸葛亮那种鞠躬尽瘁、死而后已的工作方法，并不适宜在现代社会的管理工作中提倡。诸葛亮事必躬亲，对属下看得太严太紧，结果压抑了员工的自主性和创造力。导致诸葛亮去世后，蜀汉政权人才匮乏，结果国家灭亡，事业后继无人。这究竟有什么好处？

领导的任务就是管人，所以没必要事必躬亲。一般来说，做领导的应该注意抓大事、放小事；注意不要越级干涉下级的事务；同时能放权的尽可能对下属放权，自己不费吹灰之力，照样把事情办好，这才叫高人。

一些研究也发现，比起那些事必躬亲的领导，肯给予下属更多事务和人事上自由的领导，常常在工作上更有成效。学者认为，要是领导者不需要获得下属的支持，那么就可以根据自己的专业素养出发独断专行；要是领导者需要赢得广泛的支持，那么就应该寻求下属的意见。环境、情况不同，领导风格也应该是灵活多变的。

要是诸葛先生从棺材里蹦出来的话，也许会说："你以为我乐意瞎操心吗？要是做下属的不认真干活怎么办？"答：不认真干活的话，可以采用下面的一些技巧。

◇ 培植自己的亲信

拉帮结派历来是受到正统主流所反对的，而仔细考察，主流正统反对这一现象，实在是因为这种现象的普遍存在。拉帮结伙、排斥异己的山头主义，固然是不应该提倡的，但是在任何大集体中客观存在的种种小圈子，在管理学上也有其存在的合理性。

作为领导，必须要有自己的亲信，这样才能保障在实际工作中，个人意志的顺利贯彻执行。你提出一个很有前景但以一般的眼光看会很不以为然的规划，有自己的亲信率先响应，这样其他的处于外圈的同事，就会跟上来随声附和。

另外，亲信也常常是工作中可依靠的核心与骨干。有了亲信，一旦有人反对你，你就可以依靠他们应对挑战。有了亲信，外圈的人受到刺激，会设法向你靠拢，这样你的铁桶江山就稳固了。

当然，领导的个人意志，有时候是不正确的。但是从另外一个方面来说，"蛇无头不行"，一个团队要想顺利地完成其既定工作目标，要是没有一个统一的指导方针，大家各行其是，那团队的命运也就岌岌可危了。

要培养自己的亲信，就得花点本钱，适当在人事任免、工作环境、福利待遇等方面对自己信任的人给予倾斜，当然这一切也不可以做得太明显、太过分，以至于瓦解其他下属的士气。比如有一件很重要很容易的工作，你貌似无心地分配给自己信任的人，他业绩斐然，顺理成章地得到了提拔，外人自然无话可说。私下里在工作以外，多沟通、互相帮助等等策略当然也是必不可少的。同时，还可以利用亲戚、师生、老乡、同学等关系，密切彼此之间的交情。

◇有赏有罚，赏罚公平

在工作中有赏有罚、赏罚公平，其目的都是有效地管理下属，督促对方高效率地完成工作任务。对于在工作中取得优异成绩的员工，绝对不能吝惜物质奖赏和精神上的鼓励。只有这样才能最大限度地调动全体成员积极投身于工作的热情。

对于人类来说，物质上的奖励固然重要，精神上的肯定也很重要。战争年代，士兵们奋勇杀敌，有时候为了一枚勋章玩命。仔细一想，这就是精神上的奖励。所以我们在日常工作中，除了可以给予各种物质奖励外，对下属的成绩进行口头的表扬也常常能取得惊人的效果。

从反面来说，下级出了问题，该惩罚的时候就要扣奖金、记大过、甚至撤职查办，该张嘴时就张嘴，不能姑息迁就，使之痛定思痛，知错能改。

◇树立和巩固威信的技巧：开会、检查、审批和批评

开会是在特定的时间、地点按照召开者的指示行动，只要与会者参与，在某种程度上已经是对于权威的认可。作为领导者，你在会议上除了布置工作、发动群众，最重要的树立威信的方法其实就是批评。通过在公

只有双赢才能合作长久

共场合对某些不合理的人或事进行公开的批评,收到敲山震虎的效果,以树立和巩固自己在团队中的权威。开会既是行使权力,又是巩固权力。

领导组织开会有些人不去,装病、装有事儿,这时做领导的你也有办法:你可以亲自下基层检查他的工作。这既可以提高工作的效率,同时也在无形中树立了你的威信。

作为领导,你拥有的一个重要权力是审批,所谓审批就是下属做事情、做工作前,应该先经过你的同意。如果你凡事都做"点头先生",任由下属乱来,你就不会有一点威信。要想树立自己的威信,你就必须时不时地对下属的要求进行拒绝和驳斥。当然你的拒绝和驳斥,必须是建立在业务精熟和人情通透的基础上,如果简单地为了拒绝而拒绝,下属忍无可忍,也会揭竿而起的。

从上面的分析不难看出,在团队中树立和巩固威信的技巧,其实在本质上就是对人说不。下属有不合理的话语、意见,你要予以批评;下属有不合理的行为,你也要予以批评;下属有不合理的要求,你更要予以拒绝。古人说"慈不掌兵",面慈心软,什么反对的意见都不敢发表的人,是做不了领导的。当然,批评必须是出于公心、秉公执法,这样才能让人真正地心悦诚服。

作为领导,你所代表的不仅是个人的利益,还代表了团队所有成员的利益。对团队的个别人面慈心软,使团队的整体效率降低,你就是对团队的整体利益不负责任,这其中也包括个别被管理者的利益。

◇善于协调内部矛盾

作为团队的领导,必须善于挖掘并阐发团队的共同价值取向,抬高大家的士气,这个技巧不可不知。关于这个问题,我们在下一节还要深入探讨,请你一定继续给予关注。

13. 团结一致
　　　做好工作 ············

不管是对付好抬杠的哥们，还是有过较深矛盾的同事，这一节所提供的技巧都有药到病除的效果，可以使作为领导的你能迅速消弭双方的争议，坚定不移地团结一致，做好工作。

>>> 通过让团队成员的枪口一致对外，培养团队的团结协作精神

大量研究表明，人们之间的分歧常常会因为出现的外部威胁而消解。外部威胁会增进双方联系的必要性，双方会设法统一意识，以寻求合作。相反的情况下，外部环境风平浪静的时候，个体的人，就有可能把注意力和攻击性都投射在身边的人身上，结果掐得不可开交。

能使人们团结起来的最快捷方式，就是给他们找一个共同的敌人或者把大家发动起来以某种竞争的方式去反对另外一个团队。共同的阶级敌人简直就是超级万能胶，在把一群人粘到一起。

单个人的日常生活和思维方式方面也有同样的特点。如果我们集中不了注意力，那是因为我们的注意力被分散了，在正常接受分析判断外界信息的同时，还受到焦虑烦恼等情绪的干扰。可一旦生活中产生了明确的奋斗目标，我们就会精神焕发。

实际上就是这样的，当我们拥有明确的生活目标时，就会神清气爽，精力也非常集中。那些有时候一度烦扰过我们的小事情，再不对我们构成任何威胁。因为我们对于什么是最重要的事情是心中有数的。

在百无聊赖的时候，人就会自己跟自己过不去。在无所寄托不能把自

只有双赢才能合作长久

己的心智集中于一点的时候，就会胡思乱想，就会觉得恐慌，可一旦遇见了什么有意思的事情，心力集中起来了，就会自然而然地安静下来。

这正是业余爱好能让很多人放松的原因。人获得了外部目标，精神就会完全集中在上面，一时忘记了现实生活中的种种烦恼，心情就特别舒畅。

不过只要人能确立自己的生活目标，集中自己的心智，那么情况还是有可能改善的。类似的，一个团队里的人，当面对共同的严重问题时，大家为了解决问题努力打拼，也能起到一样的效果。

有一个与此相关的研究非常有趣。研究者发现，用集体性名词命名的团队，比起用个人命名的团队，更有竞争力。比如一支用企业名命名的篮球队，会比一支用赞助商的姓名命名的篮球队更团结更有战斗力。在用前一支球队的名义比赛时，队员会下意识地产生为集体而奋斗的意识，而后者则不能给人同样的感觉。

根据这个原理，我们可以用有意识地给团队命名的方式增强团队的凝聚力。具体来说，在给团队命名的时候，应该尽可能地使用能代表全体成员的名称。比如要是你的部门有两个小组，用组头儿的名字命名，一个叫李某某小组、一个叫赵某某小组，就比不上叫创意组和工程组听着让人来劲。

〉〉〉 为关系不好的下属创造和解的条件，搞定个别的不安定因素

上面讲的方法可以在很大程度上增进团队的团结和合作。不过任何一个团队都有可能有那么一两个人不对付，好像是天生的冤家对头，不见面还好，一见面就掐得不可开交。要摆平这种人，我们就可以采取下面的技巧：

一、安排办公位置时，尽量让死对头们并排坐着，避免让他们对面或斜对面坐着。当人们的身体相对时，会下意识地在彼此之间画出界限，产

生对抗意识。并排的位置能增进团结合作的气氛。

　　二、设法让反对派们互相接近，不断接触。我们在前面提过好多次了，经常接触能增进人们相互间的好感。不过要避免使一方面凌驾于另一方之上的情况出现，只是让他们保持一定程度的接近，为最大可能程度的合作打一下基础。

　　三、可能的话，设法创造一种环境，让团队的成员有相互握手进行身体接触或单独联系的机会。物质决定精神嘛，人一旦在身体层面突破了界限，精神层面的问题就相对容易协调了。

▶▶ 第四章

对待骗术的人情世故：
看透世态人心不再受骗

　　老是被人家当成傻瓜耍、被人家占便宜，没有任何人愿意过这种生活。不过事实是，在现实生活中，几乎谁都免不了遇上被别人算计的时候。有些人好像是天生的捕食者，就是喜欢利用和剥削别人，他们有时候是街上卖东西的小贩、有时候是你的同学、有时候是你的同事、有时候是你的老板……要是我们身边不幸有这样的人，就难免一不小心吃他们的亏。

　　在面对这种人的时候，有一双善于识别虚情假意、阴谋诡计的火眼金睛可是至关重要的事情。在这一章，我们将要介绍的技巧，其作用就是帮你练就一双能看透人心的火眼金睛，让一切魑魅魍魉的计谋无所遁形！

1. 实践是检验真假朋友的唯一标准

"人心隔肚皮",在现实生活中,没有一双慧眼,我们就有可能遭遇冒充好朋友的"中山狼"的狙击。——他真的很在乎我吗?对我是不是很忠实啊?是不是在跟我玩两面三刀啊?想来,你在面对亲朋好友可能的欺骗行径时,肯定也曾经为类似的问题烦恼过。

有时候,从真正的好朋友中间分辨出假冒伪劣产品来,是非常困难的。不过看完这一节所讲的内容,你从今以后就可以一劳永逸,再不必担心给鸡拜年的黄鼠狼一类的角色了。

接下来,我们从六个方面的测验来讲述作为真正的朋友应该达到的标准,如果你的一些所谓的朋友通不过这些测验,那他们对你是不是真心友好可就值得商量了。还要提醒你的是,朋友关系是一切社会关系的基础,如果你在其他层面的交往对象,有个别人在通过这些测验时存在问题,你同样应该注意与这些人谨慎来往。

>>> 是否关注你和你的生活

定义真正朋友的标准之一是对方是否关注你及你的生活。为了测试这一点,你可以告诉对方一件目前正在运作的,对你自己来说非常重要的事

对待骗术的 **人情事故**
看透世态人心不再
受骗

情，看对方隔一阵子是不是会打电话来问你进展情况。要是对方什么也没做，我们可以主动给对方打电话，看对方是不是有关心的意思。要是对方还没有打听一下的意思，那你就用话暗示一下那件事情，看对方是否记得以前的谈话。

>>> 是否对我们忠实

跟对方说一个你们都认识的人的秘密，然后看这个秘密最后是不是会流传到第三个人耳朵里去。真正的朋友知道信任的价值，懂得为朋友保密。如果对方爱护你，就不会辜负你的信任。不过做这个测验的时候，记得事先征求第三个人的同意，人家同意了，你才可以这么做。

>>> 是否为我们感到自豪

情绪上来了，素不相识的人也可以在一起击掌庆祝、饮酒狂欢，甚至热烈拥抱、笑得分不清眼泪鼻涕。就像申办北京奥运会成功时一样。可是，人们这么做是因为公共的事情。

当你找到一份好工作时，你想一想，有哪些人会热情地拍一下你的肩膀鼓励你呢？只有不被嫉妒情绪左右的人才会这么做。真正的朋友只会为你的成就感到自豪，决不会嫉妒你的。

分辨一个人是不是真心对你好，不仅要看你状态不好时他们的态度，还要看在你带来好消息时，他们是什么反应。有些人在你倒霉的时候，不会吝啬给你加油；但是在你春风得意的时候，想要找他们出来庆祝一下，却不一定会给你面子。

>>> 待你是否诚实

真正的朋友不会总是顺情说好话，为了帮助你改正错误，他们会说一些你可能不乐意听的话。他们不是不知道你也许会不高兴，但是为了你的利益着想，他们不怕得罪你。这才是真正的朋友。

>>> 是否尊重你的个人意愿

主动跟对方介绍一件自己最近碰上的令人兴奋的事，不过说了开头后就不要再说，看对方是否会追着打听这件事的结局。

好奇和关注并不是一码事。如果对方非要知道不可，那只是对八卦新闻有兴趣，而不是对你这个人有兴趣。真正的朋友会尊重你的意愿，给你留下一定的私人空间。真正的朋友会对你的事情表示密切的关注，不断地跟你打听具体情况，但不会逼你立刻把事情交代清楚。如果你的态度很明确，告诉对方以后会找机会跟对方仔细唠的话，那他们就不会追问个不停。

相反，如果你说的是一件糗事，真正的朋友会觉得你现在可能出了什么问题，状态不太好，就会坚持刨根问底，因为他们想知道自己能不能在适当的情况下帮助你。

>>> 是否愿意为你牺牲自己

对方肯不肯为了帮助我们、让我们高兴而放弃某些东西呢？对方肯不肯为了我们的快乐牺牲自己的快乐呢？如果对方肯这么做的话，那当然是真正的朋友。可实际上人活在世上不容易，家家都有本难念的经，最危难紧急的时刻，大多数人最关心的还是自己的利益，要不古人怎么说"各人自扫门前雪，莫管他人瓦上霜"呢。

在两个人同时面临疑难问题时，要是对方有同时致力于解决两方面问题的意愿和计划，那这个人就算不错，要是只想着保全自己，那这个人是不是真正的朋友就需要考虑了。

2. 前后堵截让撒谎大王无处遁形

交际对象说话没准的问题，广泛地存在于各种类型的人际关系之中，时不时地困扰着我们。有时候，我们觉得对方的话有点玄，但就是不知道是真是假，所以恨不得揪着对方的耳朵去派出所，让警察帮忙审审。

但是，现在我们不用那么麻烦警察了，因为学会了下面的技巧，我们就可以自己测验对方的话是真是假了。这个技巧叫作"两难提问"，通过摆出一些事实，问一个回答起来左右为难的问题，让"嫌犯"回答，就可以判断出来对方是否在撒谎了。

使用两难问题考验对方说法的真伪，具体的做法是在对方说法的基础上，虚构一些事实，告诉对方，然后看对方如何反应。根据对方对你所说的事情的反应，就可以确定对方是否在撒谎。注意选择的事情。应该是虚构的，具有不确定性。

要是对方能迅速地反应，指出真实情况，那对方就是诚实的。要是对方犹犹豫豫地不正面回答问题，老想转移话题，或者虽然回答了，但不着边际，那对方此前说的话多半是假的。

>>> 用假话检验假话，假话总是越说越假

例如晓岚有一天忽然觉得老公说的话不靠谱，怀疑他昨天晚上不是真的跟哥们喝酒而是做其他的事去了。要是简单地问他是不是去某某饭店了，他肯定会斩钉截铁地说是。真去了的话，当然就只能说是；要是没去的话，为了给自己圆谎，也只能说是去了。这么一来，晓岚就不知道该不该相信了。

使用"两难提问"的技巧进行提问时，晓岚须先铺垫一些事实，然后观察自己的老公接下去如何反应。比如晓岚可以这么说："亲爱的，我刚才听人说昨晚那家饭店附近堵车堵得厉害，好像是那附近有严重的交通事故。"然后就可以注意老公怎么回答。

做老公的这时已然落进了一个两难的陷阱。如果他不在那家饭店，他就不知道该不该认可那里的确发生了交通事故和堵车，那些事有可能发生也有可能没发生。如果他装模作样地说的确遇见交通事故和堵车了，那自然是在说谎。

如果他说自己没看见交通事故、没遇见堵车，晓岚也能判断出他究竟在不在那家饭店。说谎的人不管怎么说，在面对两难提问时，会有一个共同点，那就是犹豫不决——心里没底，所以就不知道怎么说才好。

要是晓岚的老公当时真在饭店喝酒的话，他听了晓岚的话多半会立刻这样反问说："什么？不可能。哪有交通事故，我可没看着。"可撒谎的人，因为当时没在现场，自然就心里没底，他就会磨磨蹭蹭地思来想去，好编一个最合适的理由不被看出破绽。就像前面已经说过的，大有可能认可晓岚的说法，他哪知道交通事故是晓岚"制造"的啊！

判断对方是否在说谎的技巧，还有一个就是注意对方说话的细节。细节越丰富说明越真。瞎编的事儿总是会有很多地方照顾不到。

对待骗术的 人情事故

看透世态人心不再
受骗

3. 所有骗子都是
纸老虎 . . . .

　　凯丽在早晨跑步时认识了一个小伙子，对方非常健谈，一副见多识广、很有"钱"途的样子，对凯丽也频频伸出橄榄枝。凯丽一时冲动，被其打动，却搞不清对方是否真的是有房、有车、有学历、有事业的"四有青年"，犹豫是否接受对方的约会请求。

　　王总的一个下属忽然跟王总提出，如果不涨工资的话下个月就要辞职。公司的一项重大业务最近正在这个人手里运作，如果这个人撂挑子的话，该项业务必定受到影响。可是妥协的话，又会在企业中造成不好的先例。这个人是真要辞职，还是只想趁机要挟呢？王总打不定主意他是否要玩真的。

　　我们每个人都会或多或少地面对类似的生活、工作疑难。为了帮助你解决类似的问题，接下来我们介绍一个可以考验出说话人是否在骗人的技巧。

>>> 夸张的言谈行为，多半是虚张声势

　　一个人很讨厌某人或某事物，却假装成很喜欢的时候，这个人就是在欺骗。或者情况相反，此人很喜欢某人或某事物，却伪装成很讨厌的样子，这也叫欺骗。与这两种情况相对应，一个人在欺骗别人时，就得假装成在乎自己不在乎的人或事物。

　　在各种情况下，骗子都得造成一种假象，以掩饰自己的真实想法。这样我们就发现了欺骗行为中的一个共性，那就是说谎的人其言语行为总是

很夸张。如果能仔细观察这一点，骗子的特征其实很明显。

通过观察说话人的表达方式，我们可以立刻戳穿对方的谎言。玩扑克游戏斗地主时，某个打牌的人抓牌时忽然喜形于色，叫嚣着这一次不如玩大点，要大家加大赌注，他真的有把握取胜还是在虚张声势呢？

在这种情况下，如果这个人在骗人的话，目的无非是隐藏自己的怯意，使别人退缩，然后自己拿到底牌当地主，所以他要求加大赌注，以显示他有必赢的信心。但如果他手里真的有一副好牌他会怎么办呢？他一般会装成很没有把握的样子，一边在心里美滋滋地算计怎样出牌才能给敌对方以出其不意的打击，赢得最大的战果。不管是在打扑克时还是在日常生活中，骗子都试图给他人造成一种和自己的真实感觉相反的印象出来。

除了竭力做出很自信的样子，在牌桌上虚张声势的人还有一个特点就是很着急。他迫不及待地要求其他玩家出牌，好像人家稍微慢一点就会耽误他赢的速度似的。而真正有一手好牌的人往往磨磨蹭蹭的，磨磨蹭蹭的目的是为了装成自己不知道出什么牌才好，以麻痹对方。这同样适用于日常生活，要是一个人说话办事时特别着急又摆出一副很有把握的样子，那这个人多半在撒谎。

一个姓王的律师对律师事务所的马主任说，有一个案子必须交给他来办，要是不给他办的话，他就要退出事务所。我们知道很多律师事务所都是律师们合资经营的，如果有人忽然退出就会造成一定的问题。不过王律师所说的到底是经过慎重考虑的决定，还是只想要挟马主任呢？

如果退出是真的，王律师在言谈举止上一般不会流露出过多的自信，倒是更可能显出有点焦虑的模样。但如果马主任能从对方的脸上看到过分自信的神情，那么王律师就有可能只是在要挟，并不会真正退出事务所。

当然了，我们在这里说的是王律师心里并不想真的退出律师事务所，在遭到拒绝的情况下，他虽然不想离开，但也很有可能出于爱面子的缘故被迫离开。也就是说他最大的希望是得到案子同时留在事务所，而不是既拿不到案子又被迫走人。

对待骗术的 **人情事故**

看透世态人心不再
受骗

总之王律师如果表现得过分强调自己得不到案子就走人的说法，他就是在欺骗马主任。事实上他并不想离开，他只是想给马主任造成那种印象而已。

相反，要是王律师已经下定决心在得不到案子的情况下离开，他就会表现出非常不情愿、不自信的样子，因为他很在乎那个案子，面对"做还是不做"的重大取舍，他没理由不感到很有压力，根本就高兴不起来。他会显得十分严肃，因为他已经下定了决心，万一马主任拒绝自己就退出合作。可要是他在欺骗马主任，他就没必要很紧张，因为就算被拒绝了，那又怎么样呢？反正又不是真的要退出。总之，从态度的差别，我们可以很清楚地分辨出谎言和真话来。

>>> 越是不自信的人越喜欢包装自己、夸夸其谈

要理解上述现象我们需要研究一下人们平时是怎么对待自己的。我们知道，一个很自信的人从来不到处炫耀自己。只有那些底气不足，缺乏自信，又喜欢装模作样的人，才喜欢夸夸其谈，甚至装成很骄傲的样子，以补偿自己内心的软弱。他们的做法无非就是通过制造假象来掩盖真实的自我。试图用骗术欺骗别人的家伙，所说的谎话一般都是缺乏事实根据的，他们的心理状态和缺乏自信的人是一样的。

假如在一场生意谈判中，对方反反复复地说："我得走了"；"你得按我说的做，我不同意你的条件"；"看来我们只能下次再合作了"……一类的话，十有八九他不会去任何地方——只是在骗人，在要挟。他夸张而自以为是的态度，反映出内心缺乏安全感的事实，已经不打自招地暴露了自己的真实用心。

不过要是有人在谈判中这样跟你说："我不是对你个人有意见，但是我还是觉得你的想法不太合理，我是这么看待这个问题的……"这人多半是个很实在的人，没有跟你耍花腔。事实上真正对自己有自信的人几乎从来不

骗人，这样的人往往对自己的境遇不大在意，不太在乎自己的形象，这一点和那些喜欢骗人的家伙正好相反，骗子们总是小心翼翼地生活在别人的目光里，通过别人的眼睛来审视自己。

4. 多模式防止被人利用

某机关年终分福利，不知道是谁拿的主意，从领导到科员分成三六九等，分得的东西多少、质量差了一大截。等分配方案一出来，分得少的同事自然免不了在一起发发牢骚。刚参加工作的大学生家华资历最浅，所以分得的东西也最少，本来也没寻思什么，但经不住同事们忽悠，就在会议上提出了分配不公平的问题，加上一些同事的附和，领导没办法，就更改了分配方案。当了出头鸟的家华，也被领导当成刺头记住了。家华得到了微薄的物质利益，却给上司留下了不好的印象，损失了长期的利益，实际上是被人当枪使了。

在现如今这个价值观念越来越多元的社会，我们常会遇到怀着自私动机和不良企图想要算计我们的人。问题是，我们应该如何识破他们的花招呢？

>>> 克服人性弱点，避免被别人用情感欺骗自己

喜欢欺骗人的人经常利用以下七个方面的人性弱点：内疚、虚荣心、自负心理、恐惧心理、好奇心、怕得罪人心理和爱心，来诱骗别人上当。他们会利用你的这些心理弱点影响你的判断，让你没办法理性思考，只能

对待骗术的人情事故

看透世态人心不再受骗

感情用事，最后一直把你骗到他们想带你去的地方。

在下面的范例里，我们介绍了一些常见的骗人套路，如果你发现有人信誓旦旦地跟你说这说那，模式类似于下面的任何一种套路，你就得擦亮眼睛，小心对方了。

● 利用内疚："你连我都不相信！你伤害到我了！以后就当我们不认识！"

● 利用虚荣心："不会吧，这还有什么可想的？你还没决定啊？你怎么这么不自信呢？"

● 利用自负心理："我知道你是一个聪明人。我根本就没想过瞒你，我怎么可能瞒你呢？你一眼就能看穿我在想啥。"

● 利用恐惧心理："你知道不知道？你这么做会把事情弄糟的。我真想知道你到底在想什么。我跟你说，任何地方都不可能给你更好的条件。这是你摆脱现状的最好机会。你真不想日子越过越好啊？"

● 利用好奇心："来试一把！人活一世，草木一秋。这玩意儿可有意思了，越弄你就会越上瘾，要是不试一把，估计你一辈子也不知道是怎么回事，你就后悔去吧！"

● 利用怕得罪人心理："我觉得你挺适合玩这个的，你看看大伙，哪个不玩？你要是不跟我们大伙一同进退，我们可都不高兴了。快点，别磨蹭！你要退出的话大伙多不开心啊……你得锻炼锻炼，要不然你这实力不浪费了。"

● 利用爱心："你要是爱我的话你就不会问我这种问题。我的心里只有一个人那就是你，我怎么会跟你撒谎呢。我心里想的是什么你还不知道啊？只要你不瞎想，我们的关系多好啊，而且我们未来的日子会越来越好的。"

5. 一眼看出谁是骗子 ....

骗术的本质是利用人的心理弱点，影响人对信息的判断，从而得出错误的结论。但万变不离其宗，归根结底，无非也就是几种固定的模式，如果你能了解这些模式，以后一见到有人在你面前有类似的言行举动，立刻提高警惕，多半就可以避免被对方欺骗了。

常见的骗术一般有以下八种套路，接下来我们具体地对它们逐一剖析：

>>> 套路一：假装跟你特别投缘，拼命套近乎

要是有人非常热情地打听我们的兴趣爱好、家乡、喜欢吃的东西或者对生活的看法一类的事情，然后跟了一句"我也是啊，这太巧了"，那我们就应该开始提防这个人了。天下没有那么巧合的事情。

有时候，这一套路表现为对方对我们特别友好。这两种做法的直接结果就是，我们变得更加喜欢对方。问题是，你一喜欢人家，就有可能丧失原则，人家说啥就是啥了。亲近总是造成信任。一旦你们关系好起来了，对方就会越来越了解你。你觉得跟对方相处挺开心的，结果就嘴没把门的、无话不说。说者无心，听者有意。这种情况非常危险。

所以一旦有人对你特别关心，不管你说什么都赞成的时候，你就得小心这个人了，对方这么做很可能是为了得到某些利益。

对待骗术的 人情事故
看透世态人心不再
受骗

〉〉〉套路二：关系不熟，忽然来给你送东西

房地产公司的王总去商业街办事，低着头快走。对面忽然走出来一个人，双手合十拦住他的去路，随即捧上一个金黄色的观音菩萨像说："送您一点小礼物，请笑纳。"

来人穿着一身黄色的宽袖长袍，脑袋溜光，原来是一个和尚。一些有钱人比较迷信，王总也不例外。于是他赶紧双手接了菩萨像，说了声谢谢，心里这个美，心说看来我最近运气不错，菩萨都不请自来了。

毕恭毕敬地收起来菩萨像，正要抬腿准备开拨。却被和尚拉住胳膊，变戏法似的取出一个印着功德簿字样的笔记本，谦虚地请王总捐款："出家人不在乎钱多钱少，请施主结个善缘。"

王总是身价亿万的人，平时也没少去寺庙、道观捐钱烧香，自然不在乎几个小钱，就掏出两百块钱给了那和尚。不过事后想想，对方也不知道是不是真和尚，但确实是在利用自己的心理弱点敛财。

别人给我们礼物，我们就会觉得欠人家的情分。有时候，别人会利用我们的这种心理，先给我们点好处，然后再求我们办事。所以有生人或关系一般的人送你礼物时，必须保持一定的警惕性，要不然事后人家请你办事，你又不方便帮忙，这有多麻烦？

设这个陷阱的人，也不一定光给你送礼，还有可能做一些别的事，比如主动给你提供消息，在交往中对你让步或者花时间陪你玩等等。

〉〉〉套路三：自说自话，自称照顾、优惠

人们声称的情况，有时候可能跟实际的情况并不相符。没有比较，千万不要相信某些人的一面之词。

最典型的例子是某些商场存在的欺诈行为。按照商场的标价，有些商品原价一千多元，现在卖到几百元，买还是不买？有的顾客图便宜，也不

管东西的真实价值就买下来了。实际上那些东西根本就不值一千多元，能卖到几百元，老板已经高兴得不得了。宣传原来卖一千多元钱，只是欺诈顾客而已。

避免被自称照顾你的人忽悠的关键是，就事论事、就东西论东西，不要掉进对方利用开价不同设置的心理陷阱。遇到类似的情况，尽可能不要立刻做决定，尽可能地多方比较，不要相信一面之词，根据东西的实际情况判定其价值。

>>> 套路四：求你帮一个小忙，后面拖着个大头

有一个叫作"煮石头汤"的故事，很有启发性。说一个穷人想去富人家蹭饭，遭到拒绝。穷人就跟富人借了一口锅，说可以用家传秘方煮石头汤。富人出于好奇，就答应了下来。穷人埋锅煮石头，煮了一会儿，又跟富人要盐、青菜、肉骨头，甚至馒头就汤喝，每次要一点点东西，循序渐进地骗了富人好多东西，用富人的材料美美地做了一顿大餐。而富人因为穷人每次所提出的要求都不高，因好奇心丧失了警惕性，结果使穷人一再得逞。

由此可见，别人求我们帮忙时一定要小心，即使是很小的事情。小要求的后面可能尾随着另外一个更大的请求。一旦我们的心理防线被突破了，接受了一个比较小的请求，就可能接着答应更大的请求。

>>> 套路五：用随大溜心理挟持你，让你迷失自我

人有一种从众心理，当我们发现大家都在做一件事，我们就可能改变自己对那件事的固有看法，或者本来没有兴趣做那件事，这时却像被催眠了似的跟着别人也去做。一些情景喜剧，比如《我爱我家》《东北一家人》等等，在每个喜剧场景后，都设置有笑声伴音，观众看到这里，受到笑声

对待骗术的人情事故

看透世态人心不再受骗

暗示，不由自主地跟着伴音就笑了起来，这里利用的就是这个原理。

想要避免被随大溜心理所影响，关键是不要把自己的兴趣爱好与别人的混为一谈。人家和我们说什么最流行、最好，大伙都在那么做的时候，我们必须明白，就算那是真的，适合大家伙的，不一定适合我们自己。

>>> 套路六：用"物以稀为贵"心理吊你的胃口

人们常说"物以稀为贵"，总以为越稀少的东西越珍贵。

要克服这种心理，可以问自己，如果这东西有很多很多的话，你还会不会这么迫切地想要呢？当然，没人会想要的，你也不例外。

>>> 套路七：假装和你站在一边，帮你说话

假装和你站在一边，目的是用来骗取你的信任。如果运用得法，你被人家忽悠住了，甚至会感动至极，觉得对方是自己最铁的哥们，爹妈都未必比他好。

比如，你去一家家具店买床垫，看中了一个品牌的产品。可是导购员却说，要是想买这个品牌的床垫，他可以立刻开交款单据，但是有些事情他不得不事先提醒。他说你可能不知道，这个牌子的产品看着虽然好，但是厂家在制造时为了降低成本，在填料上使用了很多回收利用的材料，有可能对使用者的健康造成一定的影响。

至此，导购员完全赢得了我们的信任。人家冒着少卖东西的风险，把我们本来不知道的事情告诉了我们，换成是谁都必然很感动。感动之余，人家向我们推荐其他产品时，我们自然言听计从了。

>>> 套路八：提出不可能接受的要求，消磨你的意志

有时候，某些人会故意跟你提出一个你不可能接受的请求，目的没有别的，就是为了碰一鼻子灰。你拒绝了对方，就会心存歉意，当对方再提出一个更小的请求时，你就会因为不好意思拒绝而答应下来。而实际上，这后一个比较小的请求，很可能才是对方真正想请你做的事情。

两害相权取其轻，面对两个都会给自己造成麻烦的请求，我们通常会选择那给自己造成麻烦较小的一个。这也是人之常情。在内心深处，你会不由自主地拨拉小算盘：这后一个请求相对简单，看起来也不那么麻烦，何况已经拒绝人家一次了，再不给面子未免有点不近人情。你自以为很合理，可却已经掉入了人家的圈套。

6. 这样验证对方是否值得怀疑

如果你很讨厌别人的欺骗，不喜欢别人老占你便宜，这一节要说的技巧你可千万不能错过。这个技巧可以帮你轻松看透别人的心思，搞清楚某些人是否有事瞒着你。

这个技巧叫作"用类似情况试探对方"，根据的是心理学家和警察使用的笔迹分析原理。作笔迹分析的时候，需要两份同样内容的笔迹样本，根据受试者笔迹的形态和标准笔迹的对比，解读受试者的真实态度和想法。在这个技巧里，我们运用的是同样的原理，区别在于不是分析笔迹，而是分析对方的话语。

你需要做的事情是跟对方讨论一个话题，这个话题将不直接指向你心

对待骗术的 人情事故

看透世态人心不再
受骗

里有所怀疑的事情，但是却和你所怀疑的那件事情大同小异，在暗中对其进行影射。然后你凭借简单地观察对方的反应，就可以判断出对方是否心里有鬼。

>>> 指桑骂槐，心里有鬼的人就会失态

比如一位女士怀疑自己的老公跟女秘书有染，就可以在吃饭的时候，故作随意地这样说："哎，我告诉你一个秘密啊，老公。我们头儿跟他的女秘书有一腿！"说完了就可以观察丈夫的反应。如果丈夫对此很感兴趣，问了好多问题还打听具体的细节，那这位女士就可以暂时放宽心，有理由认定丈夫是清白的，没做什么对不起自己的事情。如果做丈夫的闻言神色大变、心神不定、坐立不安、老想改换话题，那他就很有可能存在同样的问题。他态度和举止的变化是最明显的证据。

再举另外一个例子，假设你是一家公司的主管，怀疑一个销售人员偷了办公室的办公用品。要是你直接问她："公司的打印纸最近怎么总少呢，你没有往家里拿吧？"这个问题逼着她不得不进入防卫性的状态，想要问出实情几乎是不可能的。如果人家没做，人家就会说自己没拿。可就算纸的确是她拿走的，她也多半不会承认的。你可以换一种方式对她说："小安啊，你能帮我点忙吗？最近我发现咱们部里老有人往自己家里拿打印纸，可我还看不住。你有什么主意控制一下？"

在这种情况下，要是小安是无辜的，她就有可能给你出主意，并为你肯寻求她的意见而感到高兴。而如果纸的确是她拿走的，她就会变得神色不定，跟你反复解释说自己绝对没做过类似的事情。你前面说话时根本就没有露出过指责她的意思，她自己却把自己拉下水，只能说明她是在欲盖弥彰。

>>> 从侧面试探对方，可以避免得罪、冤枉好人

一般而言，假如你直接把自己的疑虑提出来，就毫无余地地把对方逼到了必须给出明确说法的境地，对方当然要采取措施保卫自己。如果事实证明我们是错误的，就会给对方留下我们是妄想狂的印象，从而影响人际关系。而使用这个技巧，我们却可以通过跟对方讲述第三方的事情，观察对方的焦虑程度和关注程度进而发现真相，不冒丝毫得罪人的风险。

你看这个技巧是不是很好呢？假设你是一家医院的领导，怀疑一个男医生经常在值夜班时喝酒。为了查明真相，你可以这样试探那个男医生说："刘医生，我有件事儿想寻求你的意见。其实这是别人的事儿。我有一个老同学在外市一家医院当院长，他发现他们医院有一个医生值夜班时总喝酒。他不知道怎么处理这件事，就问我有没有遇见过类似的情况。咱们医院也没有这种事儿啊，你说他在这种情况下应该怎么办呢？"

这个男医生听见你这么问他，如果他有同样的问题，就一定会显得很紧张。如果他没有同样的问题，他见你这么礼贤下士征求他的意见一定会面有喜色，然后乐呵呵地把自己的想法说出来。

这个技巧可以在日常生活中广泛地应用，在发现对方的真实想法方面很有用。

7. 诱导人们说出自己的真实想法

我们每个人都有多重人格面具，所说的话，总是出于各种原因半真半假。所以有时候，我们会有这样的冲动，想知道在其他人心目中我们自己

对待骗术的人情事故

看透世态人心不再受骗

和我们的想法、计划、业绩等等的真实模样。这一节所提供的技巧可以帮你达成这个愿望,当我们怀疑别人的话是否真实时,我们就可以用这个超级棒的"读心术"破解对方的真实想法。

>>> 摆出不满的姿态,消除人们表达反对意见的顾虑

有时候,我们直接从别人那里得到真实的意见几乎是不可能的。要想知道人家对某人、某事的真实看法,除了直接问对方以外,还可以通过问对方对类似的人和事物的看法的方法实现。考虑到大家一般都不愿意得罪人,喜欢顺情说好话,要是对方不喜欢类似的人和事物,你当然基本上就可以确定对方也不会对你关心的那个人、那件事感兴趣。

假如对方说喜欢,问题就有些复杂,因为这不一定是真的。此时不要和人家争论或者施加压力。一般人经常在这个环节上犯错误。他们会说一些类似这样的话:"什么?你说你很喜欢?你真的喜欢吗?"被问到的人能怎么说呢,人家只能进一步肯定自己的观点,结果问话的人还是对人家的真实想法一无所知。

使用"态度保留地要对方作评价"这个技巧,要求你在对人家的肯定意见作出回应时,只表现出有限的同意,摆出一副意见还可以进一步商榷的姿态。对方在这种情况下就不会担心发表批评意见会冒犯你,人家会觉得你鼓励自己这么做。

想必你也已经注意到,上一节和这一节所提供的技巧,在工作原理上有些相似,都利用了人类思维的一贯性和人们喜欢做别人希望他们做的事情的心理。

>>> 保持谦虚的低姿态，人们就更愿意跟你交心

接下来我们再举几个例子。假如你提出了一个市场营销方案，可是你不确定同事到底是怎么想的，虽然她口头上说好说得不亦乐乎。你就可以这样跟她交流："你觉得我这个提案咋样？""不错啊，很有创意。""什么，你竟然认为很有创意？"

十一长假快到了，你想跟老婆一起出去旅游，但又不想让她迁就你，因为她工作很忙。你就可以这样试探她说："这两天我们单位有好几个同事计划十一要去上海旅游。""好啊，那太爽了。""一听旅游，你怎么这么高兴呢？"

第三个例子："你觉得我这个作品怎么样？""好啊，很不错。""你看我怎么能把它弄得更好一点呢？"

显然，在你用上面的方式跟他们说话的情况下，没有人会不乐意跟你吐露真实的想法。你的态度意味着你知道目前的情况并不尽善尽美。通过不逼人喜欢的方式，他们的真实想法就被引导出来了。

▶▶第五章

免受伤害的人情世故：
与坏人坏事斗智斗勇

很多时候，就算我们自己不想跟人家争强斗狠，但是别人却未必肯放我们一马。与其退出江湖，不如适应江湖。我们在这一章所要强烈推荐的技巧，就是教你如何适应江湖上的风风雨雨，对付他人的进犯，避免自己受到伤害。善于防守的价值不亚于善于进攻。遇事能缩头时就缩头的乌龟先生，作为世界上的长寿冠军，就是防守方面最杰出的楷模。

一·本·书·学·会

人情世故

1. 人进我退等待时机再出手 . . . .

新凯在某公司做空调售后服务人员，最近刚学成出师，今天是第一天自己跑客户。早上兴冲冲地出门去了，中午回来时却耷拉着脑袋，无精打采的。

师傅老杨一见赶紧迎上去问："活干得怎么样？空调调试好了吗？"

"调试好了，就是没做账给钱。"新凯愁眉苦脸地说。

"调试好了，还不肯做账给钱！这叫什么事儿啊？"杨师傅关切地问。"你快说说，到底是怎么回事？"

新凯的脸刷地红了，结巴了一会儿才说："空调是调试好了，客户是一个中年妇女，我调试空调的时候，就在我身边啰唆。后来修好了，还跟我废话。我就说：'你跟我抱怨一点用都没有，我就是管修理、调试的。有问题你跟造空调的说。'那人立刻脸色就变了，说我服务态度不好，说要你亲自去，才肯给费用。"

杨师傅闻言不由得一笑，赶紧给客户打电话，电话一打就将近半个小时。打完电话，才高兴地告诉新凯说："下午你再过去一趟吧，那边女经理说了，钱一会儿就过账，你过去签收个单据就可以了。"

新凯郁闷地挠挠头说："为什么您说就给钱，我就不行呢？"

"其实你上午跟女经理打交道，犯了一个很严重的错误。"杨师傅严肃

免受伤害的人情事故
与坏人坏事
斗智斗勇

地说。"我们售后服务部门，向客户销售的除了维修、维护技术，还有一项更重要的产品那就是服务。在跟客户打交道时，使用春风化雨的态度，使客户感受到我们的真诚和关爱，不仅满意我们的产品，更满意我们的服务，是我们每个基层售后人员必须做到的。"

"您的意思是，那个女的跟我废话时，我不仅不能不理，还得好言相劝吗？"新凯问。

"当然了。"杨师傅说。"产品出了问题，客户对我们的产品有抱怨，我们过去不仅要把产品调试好，如果客户需要，我们还肩负着向客户说清情况，消除客户的怨气的任务。服务行业销售的就是服务，光有硬技术不成，还得有软技术！"

新凯听了杨师傅的话后恍然大悟。面对气势汹汹或哭天抹泪的抱怨，吓得不知所措，或心浮气躁、缺乏耐心，干脆扭头逃跑，这样应付抱怨的人，除了新凯这样的服务行业人士，还大有人在。

当然，他们这样做，除了缺乏责任心，另外一个问题是缺乏应付他人的抱怨的技巧，结果困难临头，只想一走了之。这说明，应付他人的抱怨还是一项蛮有技术含量的工作。

在这一节里，我们将要跟大家一起探讨的技巧，就是针对他人的抱怨的。无论对方因为什么事儿抱怨，无论对方的抱怨是出于公心还是私仇，这些小技巧都可以有效地帮你化解掉对方的怨气。

>>>倾听、认可和尊重对方的意见，要疏导不要阻遏对方情绪的发泄

话说远古洪荒的时候，天下闹大水。大禹的父亲鲧被派去治理水患，采用处处设卡、筑坝堵截的方法，使得水患愈演愈烈。结果舜帝大发雷霆，将鲧处死了，然后派大禹继续治水。大禹虚心向人民群众请教，采取了疏导的方式治水，结果切中时弊，很快消弭了水患，并赢得了人民的信任，后来取代舜帝成了新一代的领袖。

大禹的疏导策略，不仅适用于治水，也适用于应对别人的抱怨。化解人们的抱怨，最重要的关键就是要把对方当一回事，给对方表达自己、发泄怒气的机会。具体说来有以下三个操作技巧：

第一个技巧是倾听。令人惊讶的是，很多人不知道怎么倾听。倾听就是什么也不说什么也不做，光听对方说，最多时不时地应和两句。倾听不意味着同意，也不意味着不同意。

第二个技巧是对对方的意见表示同意。不过在对方说得正高兴的时候，你不要表示同意，那会给对方造成你已经听得不耐烦、或者想拍马屁的印象。要先让对方尽情抱怨，中间不要有任何打断，等人家说完了，你再表示同意。

为什么要这么做呢？有时候人们与我们抱怨，只是想出出胸中的闷气。在这种情况下他们一说我们一听就完事了。另外一些情况，事情就不那么简单，有些人是存心跟你找碴儿打架，巴不得你接火，趁机把事情闹大。如果我们不打断他们的谈话，他们最后也就没啥碴儿可找。要是我们中间硬插上一杠子，就给对方继续扩大战事提供了借口，很可能导致单口相声演变成对口相声。

第三个技巧是满足对方的自尊心。人们都不乐意自己被别人支配或侵害，人们生气发火、牢骚满腹，有99.9%是因为这两个原因。他们的自尊心受到了伤害，觉得别人不够尊重自己，自己的权益没有保障，心里因此觉得很难受。

针对这些情况，接下来你首先鹦鹉学舌一般重复对方说过的只言片语，让对方知道你的确一直在听对方说话。然后用类似这样的话吹捧对方："以您的身份地位来说，的确不应该这样对待您。"这些话多数情况下都可以制止住对方的抱怨，解除对方的武装。

这样你通过倾听、同意对方的意见、满足对方的自尊心三个技巧，逐步对对方的地位给予了尊重，已经在很大程度上化解了困难的局面。要是还不行的话，你还可以继续使用下面的终极撒手锏。

与坏人坏事
斗智斗勇

>>> 实话实说地请对方开价，给人家一点物质或精神的补偿

这个终极撒手锏，即是问对方想要你怎么做。出于"小不忍则乱大谋"的考虑，生活、工作中我们经常会选择在发生争议时，给对方一点好处，以避免更大的损失。注意给好处时不要沉不住气，我们可以先让对方开出条件。要是对方提出的条件在我们的承受范围之内，那就赶紧答应人家吧。

在私人生活的范围内，抱怨的表达方式往往很含糊，比如"我不喜欢这样"、"你快把我逼疯了"。虽然实际上往往还有更加复杂深刻的因素牵扯其间。在这种情况下，我们要尽可能地先搞清楚对方到底是为什么不满。具体怎么让别人对你敞开心胸的技巧，我们在本章已经讨论过，这里就不再多说了。

>>> 尽量赢得对方的好感，让对方更容易接受你

在我们使用上面介绍的技巧与对方周旋时，还应同时设法赢得对方的好感、安抚其情绪。首先注意身体语言对对方产生的影响，要是我们在和对方交流的时候，抱着胳膊，对方就会觉得我们在审视他，会给对方留下我们每时每刻都盼着对方闭嘴的印象。如果是那样的话，事情就会越弄越糟。采取双臂松弛下垂或敞开上衣衣襟的方法，可以使对方放松对你的戒心。

当我们赢得对方的好感时，对方和我们在一起时就不会那么紧张，从而更愿意对我们敞开心扉。好感产生信任，这样沟通起来就容易得多了。我们之间的谈话就可能更富有建设性，对方对我们的话也就更容易听得进去。具体怎样赢得对方好感的技巧还有很多，这些问题我们在前面曾经进行过详细的讨论，在此不再赘述。

最关键的是我们还得跟人家这样承认错误说："我真不好意思，我非常

抱歉。"一旦我们肯诚恳地认错，对方的火气就会大大地减弱。

2. 将他人的嫉妒扼杀在摇篮之中

通常情况下，生活中最容易犯嫉妒这种毛病的人，并不是那些自信的人，而是比较自卑的人。要是一个人很自信，对自己感觉不错，这人才不会在意别人对自己的看法、别人是不是跟自己好呢。

他们会跟自己说："有什么了不起的。此处不留人，自有留人处。"强者有足够的安全感，决不会因为缺乏自尊而产生嫉妒情绪。反之，嫉妒情绪往往与他们对自己的较低评价有关系。

不过话说回来，强与弱其实是相对的，世界上根本就不存在绝对强势的人。张三胜于李四，未必就一定胜于王二麻子。张三工作能力比李四强，但是未必就比李四长得高大威武。几乎所有的人都在不同情况下存在不同程度的自卑，遭遇不同程度的嫉妒他人的情感体验。

嫉妒主要源于自卑，但并不意味着帮助嫉妒的人树立自尊心，就可以解决他们的嫉妒问题。他们感到自己的地位受到威胁，是因为他们的自我认知出了问题。

自卑是一种思维习惯，人在陷入自卑时，会倾向于低估自己，常常跟他们自身的实际状况无关。比如说，赵医生听人说钱医生做手术时比自己要手脚利索得多，心里就有些不服气。可是他自己已经当上科室主任好几年了，他却并不因这一成功觉得自己有啥比钱医生优越的。

免受伤害的 人情事故
与坏人坏事
斗智斗勇

>>> 嫉妒者嫉妒什么，我们就贬低什么

要消除自卑者的嫉妒情绪，告诉他们说他们比别人哪方面强，基本上是没用的。他们的习惯性思维根本就不相信那个，他们的眼睛对自己的优点并不敏感，几乎总是盯着别人的优点。唯一有效的方法是动摇他们对别人优点的看法，相信别人的优点其实不算什么。

假设说你有一个特有钱的男性普通朋友。而你的男朋友人长得帅、又聪明，又对你关心体贴，还特别勤奋上进。

可他就是因为不富有而缺乏安全感，在你的男朋友眼里，你的那个男性普通朋友就是比自己更有价值、比自己更强的人。陷入自卑的他，就经常会猜疑你跟那个男性普通朋友的关系。

你当然得想法子给你的男朋友打气。要是你跟他说，他有多高大威武，你是多么在乎他云云，肯定是会收效甚微的。他根本就不是因为那个才嫉妒的。相反，要是你跟他解释说你的异性普通朋友的优点，在这里是特别有钱，对你来说是根本不重要。他的嫉妒就会烟消云散了。

釜底抽薪的关键就在于，贬低嫉妒者所不具有的品质。你的男朋友很在乎金钱，所以把那个有钱的哥们看得很高，以为你也会以金钱的多少来衡量自己的价值。本质上，他是嫉妒你的异性朋友有、而自己没有。

在这个例子里，你消除男朋友嫉妒的关键，不是强调他在其他方面有多好，而且把金钱对你来说不重要的原因说清楚。

举例来说，你可以这样表达："衡量一个男人的价值不是他有多少钱，而是他的人品有多好。其实我对某某挺有好感的，不过他太有钱了，我还真是喜欢不起来。男人一有钱就容易学坏！他那种喜欢显摆自己有钱的做法，我也不喜欢。他那么做其实只是想弥补自己在情感方面的空虚而已。"

你这么一说，你的男朋友肯很高兴，再也不会介意你跟那个异性普通朋友的来往了，因为他已经明白了，被嫉妒者有钱没钱根本就对自己构不成威胁。他甚至会开始觉得，你那异性朋友有钱其实是一件挺好的事情，

你已经清楚地告诉他，你对于有钱人的戒心；他已经相信，你不选择那人的原因，正是因为他太有钱了。

在你使用上述技巧的时候，最好装成是无意说起的样子，不要暴露自己的目的。只有这样，你男朋友才会把你的说法当成是肺腑之言，而不是仅仅为了安慰自己的假话，想改变、影响自己的交际策略。

这种做法也适用于你自己遭遇他人嫉妒时，想化解对方嫉妒的情况。

>>> 谁嫉妒我们，我们就嫉妒谁

如果我们需要对付的人有点变态，他们是逮着谁嫉妒谁，那我们就得改变一下自己的策略了。这种人之所以嫉妒别人，是因为严重缺乏安全感，不管我们说啥做啥，他就是不肯信任我们。即使是最单纯的情况也会被他误读，毫无理性的嫉妒会冲垮一切理性的堤防。

对于这种人，除了送心理诊所治疗以外，还可以使用这样一个技巧：这种人在心里有一个信念，那就是人与人之间不存在平等，不是自己比别人强就是别人比自己强。而且他们也常常会无意识地相信，你或早或晚会对人际关系得出同样的结论。

针对这种情况，要是我们能公开地表现出对他的某些方面心存嫉妒，他看待彼此关系的角度就会发生戏剧性的变化，转而以扬扬自得的姿态居高临下地审视我们了。

关于这一点，不难找到证据。事实上，我们根本就找不到两个互相嫉妒的人，一旦一个人开始嫉妒对方了，另外一个人肯定会收缩战线，表现得比较平和。

3. 双管齐下制止谣言传播

有人在传播对你不利的谣言，眼看着自己被别人的唾沫星子所淹没，眼看着自己的利益被他人不慎重的言谈损害，而你却回天乏术、应对无方，这样的经历你肯定有过吧？我们下面介绍的这个技巧，可以帮助你在面临类似情况时迅速扑灭那些对你不利的言论，让喜欢说闲话的人再也不能为所欲为。

>>> 跟造谣、传谣的人亲密接触，让对方有所顾忌

科学研究表明，不知姓名的人所实施的行为比起那些知名知姓的人所实施的行为在影响力方面要更微弱一些。

在一个实验中，一组实验者被要求穿着只露出眼睛的全身工作服，对志愿者实施电击测验。另一组实验者进行同样的电击测验，但是不戴面罩，身上还挂有清晰可见的名牌。结果发现，接受电击测验的志愿者普遍反映，那些不带面罩的人按动电钮时，他们会感觉到更紧张。

另一方面，对我们人来说，对不认识的人进行伤害又是相对容易的事，对不能亲眼看见的人进行伤害也是相对容易的事。在战争中，飞行员向人口密集的城市投下炸弹，杀死大量的平民，在心理上并不承担多大的压力。可是同样一个人，要他担任行刑者，面对面地射杀敌方士兵时，却有可能心惊肉跳，下不去手。

根据这些研究结果，我们可以生发出三个不同的技巧，以消弭他人的谣言。第一，直接去找谣言的发起和传播者，不认识的认识一下，认识的

争取深入交往一下。让对方明白你知道对方是何许人也,你知道对方正在做啥。

第二,你要在对方面前展示自己,让对方意识到在谣言的背后有一个大活人。

第三,在做以上两件事的时候,要尽可能地亲力亲为。本人和对方亲密接触,跟让别人去中间传话,效果绝对是不一样的。

〉〉〉主动散布一个更离谱的谣言,使谣言显得荒诞不经

知道谁对谣言负责,固然可以使用上面的策略,问题是,有的时候我们压根就不知道到底谁是谣言的始作俑者。很多人都在传有关你的谣言,你却不知道到底这谣言是从哪里跑出来、又怎么传开的。

或者你虽然知道是谁造出来的谣言,但是这个人根本就对自己的做法没有意识,也不知道、不在乎谣言对你造成的伤害。

面对这两种情况,我们可以采取以下的技巧,以尽可能地减少自己名誉上的损失。当然,这个技巧在你清楚谁应该对谣言负责的情况下,也可以使用。

谣言都有个共同的特点,那就是它们往往都很吸引人,而且听起来就像真事儿似的。片面的真理比纯粹的谎言更危险,那是因为没人会散布那种明显偏离事实,或者听上去非常傻的谣言。谣言里面常常蕴涵着不同程度的真理,所以才容易被人相信,才有被大伙广泛街谈巷议的资格。

谣言的这个特点也可以为你所用。与其拼命否认谣言的真实性、为自己辩解洗刷——只会收到"此地无银三百两"的效果,反而不如欲盖弥彰——我们可以自己散布一个更夸张、更过分的谣言出来,让这个更不着边际的谣言压倒前一个谣言的影响。当然,这个新的自制谣言跟前一个别人造的谣言,在主题上应该是一致的。

比如说,有人造谣说你一直利用职权,贪污公司的钱。你否认的话,

人家会更怀疑你做贼心虚。相反，你要让谣言变本加厉，就说自己的确贪污了很多钱，而且想在有生之年去俄罗斯买一架宇宙飞船，去太空看看月亮。

这个更离谱的说法当然是很难让人相信的，人们听见这种说法，都知道这是一个玩笑，但是它却同时把人们因为第一个谣言对你产生的疑虑打消了。谣言一旦变得荒唐，就没有人肯相信，大多数人就不会继续热衷于传播这种谣言。人们往往把谣言看成是非此即彼的东西，既然你的说法听起来明显就是瞎编的，大家就不会非要从谣言里面找出片面的真理不可了。

谣言很少有实际的根据，全靠人们主观判断其真伪。谣言越离谱就越不容易被人相信，也就越不能吸引人们的耳朵和嘴巴。当谣言被那些明显偏离事实的胡说八道所淹没时，就没有人肯再相信、传播了。

4. 用大度化解敌意

将他人的行为，解释成针对自己而且具有歹毒险恶的目的，以及在此基础上产生的憎恨对方的敌对情绪就是敌意。敌意常常导致针锋相对的报复心理，是良性人际关系中的一个不和谐因素，不容小觑。

在生活中，如果我们遇见一个人，不管我们做什么事情他都看不顺眼，而且总找机会挑毛病、甚至收拾我们，这个人多半就对我们有敌意。要是这个人恰好是我们的上司或一个办公室的同事，那这个问题肯定会影响到我们的工作。自然，不仅别人会对我们产生敌意，有时候我们也会对他人产生敌意。

一·本·书·学·会
人情世故

毋庸讳言，有些敌意产生的根本原因是直接或间接的利益冲突，要解决这种敌意，需要利益分配的重新组合，光动动嘴皮子是不能从根本上解决问题的；但也有一种敌意，主要是建立在双方缺乏了解的基础之上；还有一种敌意，背后隐藏着利益的冲突，但也混合着缺乏理解的因素。但无论哪一种敌意，在直接原因上都是人自尊心遭受伤害的结果。

人都喜欢被他人所喜欢、欣赏、肯定和尊重，自尊心无非如此而已。要是他人的所作所为在物质或精神层面侵犯了我们——当然，有时这种感觉是我们自己虚构的——也就是不尊重我们、不拿我们当一回事，我们就会觉得不开心。

一般而言，别人不公平的对待我们，我们当然不会认可别人的做法是合理的，而多半只会责怪对方给了自己不公正的待遇："这是他的错，不是我的错。"充满怨恨和报复心的敌意于是就产生了。

鉴于敌意产生的直接原因是一种自尊心遭受伤害后的逆反机制，所以化解对方的敌意，就可以通过技术性的社交和心理技巧，人为地减少甚至消除之。

>>> 消除自身的敌意，避免庸人自扰

消除对方敌意的第一步，是消除自己的敌意。在社交中，一方的积极反应，会导致另一方的积极反应；一方的消极反应，也会导致另一方的消极反应。所谓"一个巴掌拍不响"，人们之间看不顺眼，往往是相互性的。

有时候，我们对别人心存偏见，不自觉地流露于言谈举止之中，对方看了自然心里不爽，于是变本加厉地返还给我们。有时候，我们自己没觉得有什么对不起对方的，而实际上却可能违背了一些社交惯例，侵犯了对方，人家也会不高兴，产生针对你的敌对情绪。这个时候，我们还天真地说什么自己很无辜，那不是开玩笑吗？

免受伤害的人情事故

与坏人坏事斗智斗勇

◇要消除自身的敌意，首先需要对世界观和人生观进行调整

在试图消除他人针对自己的敌意前，首先应该彻底地反省一下自己的世界观、人生观和平常的言语行为，尽可能地做到不冒犯他人、不招人烦，这样，才有可能正本清源地改善彼此的关系。

世界观和人生观问题，说白了，最主要的就是人性本善还是人性本恶的问题。如果我们把世界看成是热带丛林一般的杀戮场，每个人都是衣冠楚楚的野兽，为了自己的利益不择手段地牺牲他人，那我们的问题就大了，要想不对别人产生敌意倒是怪事。此时我们不是在敌视个别的人，而是在敌视全人类！

要是我们认为人的本性是善良的，只不过因为社会风气和自身利害的缘故，有时候不得不为了维护自身的利益，做一些违背良心的事情，那我们就会对他人充满理解和同情，不至于过于武断地随便就给人家安上"此人是坏蛋"的大帽子。

自然，不同的人对世界和人生的判断肯定有一些差别。但总的来说，正确的世界观和人生观应该认为人有缺点但是本质上还不错，如果我们也是这么想的，我们就会学会具体人具体分析，不会见到每个人都看不顺眼了。

◇要消除自身的敌意，还得学会换位思考、将心比心

人跟人之间的事情，有时没有绝对意义上的谁对谁错。你吃亏了，人家就占便宜；人家受损失了，你就有可能得到好处。仅此而已。如果你能多从别人的角度看问题，设身处地地多为别人想一想，你就能对别人多一些理解和宽容。

一般来说，一旦你从理性和情感上认可了对方言行在某种程度上的合理性，那么你愤怒的火焰就会熄灭或减弱不少。

◇要消除自身的敌意，你还应该有一颗宽容的心，不要凡事都斤斤计较

有时候问题的确出在对方身上，但如果不是太过分的话，你不妨得过且过，不要试图打击报复。"退一步海阔天空，忍一时风平浪静"，人生活

在社会上，难免会跟别人磕磕碰碰，如果凡事都较真，不分个大小轻重，那不仅会被累死，更重要的是，也关死了跟别人在未来合作的大门。

星期六晚上，荣哲跟女朋友雪洁在饭店吃饭，电话忽然响了起来。原来是主任要荣哲替自己上一个夜班。看到荣哲满口答应的样子，雪洁不高兴起来了："你怎么这么傻呢，我经常见你给别人顶班。谁没有点自己的事儿，凭什么都方便他们？"

荣哲收起电话说："主任是有家庭的人，事情比较多，还在别的医院有兼职，我年轻多做点工作，没什么的。"

"什么没什么啊？你可真傻！你今天晚上上夜班，我们明天怎么去逛街啊？我还得牵着你，怕你打哈欠撞到电线杆子上！"雪洁气得扭头不看荣哲。

荣哲赶紧拉着女友的手安慰她："要不今晚你跟我去上夜班吧，医院里晚上可有意思了。给你找个白大褂穿，你跟我去查房。没事了咱俩用医院的电脑上网，玩通宵——免费的……"

雪洁甩开荣哲的手说："那么点小便宜就把你收买了，看上你真是瞎了眼了。"

"你知道什么啊，"看到女朋友真不高兴了，荣哲严肃起来说。"其实我们主任的确总要我帮他做事，不过人家在技术、社会关系方面值得我学习的也多着呢。人字的结构就是互相支撑。你要是不能容忍对方的缺点，就不能分享对方的优点。就说最近吧，我很快要评高级职称了，主任的一票是起决定性作用的。"

听到这里，雪洁的脸色才缓和过来。"我还以为你真是读书把心眼读死了呢，原来小算盘也拨拉得很精明啊……"

遭遇不公平待遇的荣哲，凡事既为别人着想，也替自己着想，不轻易与人为敌，牺牲了眼前的利益，是为了谋求长远的利益。

免受伤害的人情事故

与坏人坏事
斗智斗勇

>>> 交往时尽可能顺着对方来，不要跟对方竞争优越感

化解敌意的绝招当然是不让对方有机会产生敌意。小静新近跳槽到一家公司。领导召集大家开会讨论新产品的开发。部门经理上来夸夸其谈，其实说的全是外行话。小静原来工作的公司，恰好曾经运作过类似的项目。

小静一时忍不住，就站了起来，纠正了经理的说法，并提出了自己对新产品开发的意见。虽然其他领导都肯定了小静的说法，部门经理却从此把小静看成了仇人，经常借故让小静难看。

小静提出来的建议不正确吗？当然是正确的。实际上，经理对小静不满，并不在于她所表达的内容如何，而在于小静的行为事实上打击了经理的自尊心，使经理的优越感丧失殆尽。小静纠正经理的说法，让对方最不能忍受的不是证明了自己是错的，而是暴露了自己不如小静高明这一事实。

所谓"不蒸馒头蒸（争）口气"，人们在日常生活、工作中的很多较量，计较的并不是谁对谁错，而是谁比谁更高明。例子比比皆是。夫妻间为鸡毛蒜皮的小事争论，同学、同事为了几千里之外或几千年前，谁也没亲眼见过的事情争得脸红脖子粗。其实谁也不真在乎真相如何，在乎的是说服了对方意味着自己比对方强，被对方说服意味着自己不如对方。卡耐基曾经意味深长地说过："争论中没有真正的赢家。"如果你说输了，自然是输；而如果你说赢了，你就伤害了对方的自尊心，使对方对你产生了敌意，影响了你们的关系，也是输。"

明白了这个道理，要想尽可能地避免针对自己的敌意产生，你就要注意在和别人打交道时，不要在非原则、不重要的问题上逞口舌之快，非要挑人家的毛病，使人家在暗地里怨恨你。

最聪明的做法是，尽可能地顺着对方说，表扬对方的优点，赞赏对方的成绩，让对方感激、喜欢我们。如果实在不得不争论个是非曲直，也要

摆低自己的姿态，不要一副自己比人家聪明多少倍的样子，毫无必要地伤害人家的自尊心。

这种优越感的竞争，既可引发敌意，也可进一步深化敌意。

＞＞＞经常跟人交流思想情况，让对方理解你的立场观点

如果对方已经对我们产生了敌意，就表明误解已经产生。这个时候，我们必须赶紧与对方交流沟通。内向老实的人，往往具有较少的对外侵略性。但是，这一相对平和的人群，在实际上，却是最容易引起别人的敌意的，也是最容易猜疑别人的人群。

原因何在？就是因为内向的人不善于与人沟通交流，自己不了解别人，别人也不了解他们，双方都在黑暗中捉迷藏、瞎猜，常常无从判断对方行为的真实指向。这种敌意就完全是因为缺乏透明度造成的敌意。由此可见，在社交中，与他人、尤其是那些跟自己恰好有利益交叉的人进行充分的沟通交流的重要性。

除了交流对当前可能引发误解的事物的看法和立场，你还可以把自己对对方的看法、态度，自己的个性和为人处世风格，跟对方坦诚交流。当然，这一工作，最好在平时就适当地予以展开。

比如你自己已经意识到自己比较多疑，容易产生敌对心理，你就可以坦白地把这一点告诉对方，请对方万一碰到类似情况的时候，不要介意。对方见你这样重视、尊重自己，自然非常开心。被打了预防针，以后真摊上你心情不爽、大发雷霆的时候，也多半不会过于介怀。

＞＞＞满足对方的自尊心，低姿态可以化解敌意

热带丛林中有一种叫作夜鹭的树栖鸟类，由于它们只喜欢栖居在特定的珍稀树种上，因此生存资源就特别有限。成年夜鹭之间，经常因为争夺

与坏人坏事
斗智斗勇

一根树枝就大打出手。不过研究者发现,成年鸟之间打得虽然厉害,但未成年的幼鸟一般却不会受到伤害。

当一只充满敌意的大鸟趁幼鸟的父母觅食外出,逼近幼鸟的鸟巢时,幼年夜鹭就会发出哀怨的鸣叫,并软弱地拍打翅膀,好像在祈求对方不要伤害自己,同时吐出父母喂给自己的糜状物,送到大鸟的嘴边。这种谦卑的态度,总能使跃跃欲试的成年鸟安静下来,放弃攻击的企图。

当你面对他人的敌意时,只要你肯甘拜下风,保持谦卑的态度,对方的自尊心获得满足了,就不会有继续跟你为敌的念头了。都是出来混的,都不容易,不就是争个面子吗,有了面子,对方还针对你做什么呢。

>>> 曲解事情的严肃性质,用幽默化解敌意

人们在交往中难免发生一些摩擦和纠纷,如果对方因此对我们产生了敌意,恰到好处地幽默一把,常常能缓解紧张的气氛,化解敌对情绪。

比如,你是一位小伙子,公共汽车上人很挤,汽车一个急转弯,把你甩向一个漂亮的小姐,撞了人家一下。人家也不认识你,被你撞了一下,肯定非常不高兴。脸上立刻就露出了厌恶的神色,看样子,你要不赶紧说点好听的,就有可能骂人。你赶紧说:"对不起!对不起!我不是故意的。这车总给我创造犯错误的机会。"姑娘听了,多半就会莞尔一笑,事情就过去了。

不过在开玩笑的时候,需要注意一点,幽默归幽默,只可以自嘲,而绝不可以以对方为取笑的对象。自嘲实际上是把自己放到了一个滑稽的位置,恰好可凸显对方的较高地位,满足心怀敌意的人对于自尊心的迫切需要。而哪怕是最轻微的针对对方的取笑,都只会加深对方对你的误解,进一步恶化彼此之间的关系。

5. 对付别人的恶意刁难
要多措并举……………

毋庸置疑，人在江湖上行走，有时候的确会遇到非常憋气的事情。比如你去财务部门报销钱款，分明你的条件全都符合要求，对方却一次次地推搪，好说歹说，就是不肯给你划钱。你去外地旅游，在车站看了一下纪念品，觉得价格太贵，就放下转身要走。卖东西的小贩却说你打开包装了，逼着你非买不可……

发生这种种的不愉快现象，除了跟人们之间存在不同的利益争夺有关外，还因为有些人欺软怕硬。

问题是，他人万一我们倒霉遇上类似的情况，应该怎样对付他人恶意的刁难，以保护自己的利益不受损害呢？

〉〉〉塑造不好惹的个人形象，让恶人对你望而却步

坏蛋往往欺软怕硬，他们欺负人，其实也是分人的。有时候，我们自己不注意个人形象，给对方造成自己软弱可欺的印象。坏人就会蹬鼻子上脸，想办法刁难你。人自我修养不够，不注意检点自己，就容易招致别人的侵犯。

人必自辱，而后人辱之。人们总是欺负那些他们认为可以欺负的人。软弱可欺的自我形象，会引发和助长他人侵犯你的欲望。如果人们一见到你，就觉得你是一个不好招惹的角色，撩拨你的话，根本占不到便宜，甚至引火上身、得不偿失，对方就会犹豫是否应该主动向你挑衅了。

这就要求你在跟陌生人打交道时，自尊、自爱、自重，注意适当修饰

免受伤害的人情事故

与坏人坏事
斗智斗勇

外表，注意保持昂扬的精神状态，注意言谈举止的风度做派，使对方不敢小觑你。

另外，还要敢于说话，并且具有一定的攻击性。不管对人对事，只要心里有意见，就敢于大胆直言；而且不怕跟人发生合理范围内的争论。对方跟你一说话，就知道你不好欺负，对你望而生畏，哪里还敢找你麻烦。

比如，周末奋强和小苏去博物馆参观，眼看着就要过第一次允许入馆的时间了，保安把包括小苏在内的好几个参观者拦在门外，却对奋强往里挤视而不见。为什么呢？原来那天奋强为了参加下午的一个会议，穿了正装，俨然一副上流社会成功人士的气派。保安就莫名其妙地对他网开了一面。有些时候，人们的确是看人下菜碟的。

在熟人的圈子里，上面这两方面的面子工程也很重要。在熟人圈子里要塑造自己不可欺侮的形象，还可以做以下三方面的工作。第一个是杀鸡给猴看。在适当的时候，选择一两件你肯定有理的事情大做文章，让冒犯你的人吃不了兜着走。如此一来，别人就见识了你的厉害，知道你不是好惹的人，从而形成一种不战而屈人之兵的威慑力。

第二个是不要跟任何人都保持友好的关系。可以选择一个对你的工作、生活影响不大的人，蓄意跟他经常产生纠纷——当然注意不要达到会造成严重后果的程度——这样一来，外人也算是领略了你的厉害。

第三个是注意提升并宣传自己的实力。如果大家发现你拥有非凡的能力，大家欢迎你还来不及，谁还敢轻易招惹你呢。

>>> 保持镇定的不示弱态度，让对方不敢小觑你

有些时候对方刁难你，就是要令你难看，满足自己的虚荣心和支配欲，你要是被对方吓住了、害怕了、告饶了，对方就达到了自己邪恶卑鄙的目的。这种情况下，你尤其不可自乱阵脚，让坏蛋们高兴，而且越发小看你。

对方如果不是非常了解你的实力，做出冒犯你的言行后，内心多半也会惴惴不安，因为无法预测你会采取怎样的行动。你摆出一副有恃无恐、深不可测的样子，本身就是对恶势力的巨大震慑。

保持镇定，不丧失判断能力，你才能在这一基础上，明断形势，客观地评估双方发生争议的问题的实质所在，然后有针对性地抓住对方的要害，在可能的范围内解决问题。

>>> 针锋相对，挑对方的毛病

有些人在遭遇难处的时候，就紧张至极。内心深处害怕人家的不合作。会给自己带来损失，所以立刻就软了下来，根本不敢组织有效的抵抗。这种想法和做法当然是非常错误的。遭遇恶意刁难，首先必须有"不挑事儿，但是也不怕事儿"的态度。只要自己站得直、行得正，就不要怕，就要敢于主动出击，跟对方较量。

对方要想刁难你，欲加之罪，何患无辞，所以你想为自己辩解，证明自己正确是没什么用处的，因为对方心里很明白你就是正确的，只不过就是要故意找你的麻烦、占你的便宜。要不然就不叫刁难了。

而且，前面我们在研究如何争论时，也分析过这个问题，争论中一般就不应该为自己做什么解释。解释得再好也是落在下风头，因为你是围着人家的指挥棒转呢。

对方刁难你，一般都会装模作样地提出一些看似很强大、很正确的理由来，而实际上这些理由往往经不起推敲。你可以在对方这些经不起推敲的理由上做点文章，使对方陷入难以自圆其说的困境，就有可能解决当前的问题。

具体的做法就是不断地反问，逐层次地追问对方刁难自己做法的原因。很多时候由于对方的理由根本就是瞎编的，难免漏洞百出，反问几次对方就会漏洞百出了。

与坏人坏事斗智斗勇

>>> 威胁吓唬，警告对方将为自己的行为付出代价

如果道理讲尽，好话说尽，对方还是冥顽不化的话，那我们就必须得想办法采取现实的行动解决问题了。自然，能不战而屈人之兵还是最好的选择。所以在考虑使用实际行动解决问题前，还可以用警告的方法吓唬对方一把。把自己愤怒后果很大、很严重，尤其是可能采取的报复行动，用警告的形式告知对方。有些时候，对方考虑到实际冲突可能面临的损失，也有可能息事宁人，与我们达成妥协。

比如，前段时间荣哲到北京旅游，误信了虚假宣传，被拉到了条件恶劣的黑店。荣哲要求退房，对方死活不肯。正在僵持中，荣哲看到门外新来了几个没登记交费的旅客，荣哲就吓唬老板说："你要是不给我退钱的话，我就跟你继续争吵，那些新来的知道了情况肯定得全跑。哪头轻、哪头重，你看着办吧。"老板一听，不由得皱起眉头，担心遭受更大的损失，只好不情愿地给荣哲退了钱。

需要注意的是，在威胁对方的时候，一定要注意保持态度的平和，尤其不要言语粗鲁，或对对方进行人身攻击，给对方留下反击的把柄，或激怒对方。有时候对方在遭到言语伤害后，会陷入情绪冲动，即使权衡利弊，明知道跟我们对抗下去没什么好处，也为了面子坚决不愿妥协，那我们就真不好解决问题了。

>>> 采取实际行动给对方制造麻烦

如果上面的种种办法还没有结果的话，那我们就必须采取点实际的行动，让对方见识见识我们的厉害。说起来，耍弄手段是有点恶劣，但是"草怕严霜霜怕日，恶人须得恶人磨"，对待坏分子，我们要是没点手段，光是菩萨心肠，就只好"人为刀俎，我为鱼肉"，任人宰割了。

具体的策略其实也很简单，就是设法和平地干扰对方的日常生活或正

常工作。对方被我们纠缠得没有办法了，精疲力竭，或因此遭受到更大的损失，最后就有可能向我们告饶了。

比如上面的例子里，旅店老板要是在荣哲发出威胁后，仍旧拒不给他退钱，荣哲就可以跟对方大吵大嚷，吸引新来顾客的注意力，然后夸张点跟新来的客人控诉无良奸商的不法行为，揭批该黑店的可怕内幕，客人肯定会走几个。这个时候，老板赚不到钱自然肉痛，就该退荣哲钱了。

在这么做的时候，需要有一种心理准备。首先，无论怎样跟对方争吵，一定注意要和平地干扰对方，千万不要进行人身攻击、更不要骂人、打人。这么做一方面没道理，有可能落下不是；另一方面只会把事情弄僵。不管是用什么手段，咱们的目的只是自己不受损失，解决问题。

其次就是要有对方可能动粗的心理准备。害人之心不可有，防人之心不可无。轻易不要考虑使用暴力，但一定要有心理准备，好汉不吃眼前亏，提防着不要被对方打闷棍。

>>> 改变力量的对比，引入第三方力量解决问题

如果上面的技巧还是不管用，或者用不上的话，还可以考虑引入第三方力量来解决问题。世界上矛盾的解决，无非有三种方式，一种是双方各让一步，达成妥协；一种是一方完全占据优势，把对方收拾了；一种是矛盾的一方主动撤退了。

如果你跟刁难你的人，双方都不想退让或者撤退，你就得想办法增强自己一方的实力，用实力的优势压服对方，迫使对方无法再继续跟你叫板。

你想增强自己一方的实力，无非有几种出路：第一是调动自己的亲戚朋友、社会关系，用各种各样的方法软硬兼施，想办法改变对方的立场；第二是去对方或双方共同的上级领导或其他能管住对方的人那里反映情况；第三就是诉诸法律解决问题。

与坏人坏事 斗智斗勇

>>> 局势不利，暂时隐忍，徐图良策

前面刚说过，矛盾的解决，有一种情况是一方面主动退出竞争。如果自己没办法改变现状，硬扛下去又明显对自己不利，为了避免给自己造成更大的损失，那就得使用最后一招没办法的办法：忍。

道理很简单，在这个世界上，比我们自身强大的人有很多，而且有时候，坏蛋又是拉帮结伙的，我们正常人根本拿人家没办法。还有些人，根本就是无赖泼皮，生冷不忌、好坏不听，动之以情、晓之以理，统统没作用。这样的人，能斗则斗，实在斗不了，就得"三十六计，走为上计"。

"隐忍"，有时候是自认倒霉，吃亏；有时候，也可以积蓄力量，等待时机，徐图良策。正所谓"君子报仇，十年不晚"。不过不管怎样，忍耐都可以实现一个目的，就是为了长远的利益，暂时牺牲短期的、眼前的利益。想明白了这一点，你也就不必过于耿耿于怀了。

在这个世界上，最重要的事情是壮大自己的实力，过好自己的日子，在有余力的情况下，回报关心爱护过自己的人，回报社会。如果自己过得幸福开心，那就是对那些蓄意跟你过不去的人的最好的回敬。原因很简单，他们不就是想要你不开心吗。

6. 永远与小人保持距离

我们平常所说的小人，很可能只是一个相对的概念。在国人眼里，喜欢编谎话的谣言家，喜欢无事生非、挑拨离间的人，阳奉阴违，当面一套背后一套的伪君子，趋炎附势、落井下石的势利鬼，不择手段也要拼命往

上爬的官迷……凡是以卑鄙伎俩，实现其不可告人的丑恶目的的人，都可以称为小人。

谁都不愿意跟小人打交道，可人毕竟离不开社会，谁在日常生活中，都难免遇见小人。小人虽"小"，能量巨大。古人说"宁可得罪君子，不可得罪小人"，原因就是小人开罪不起。一旦被小人盯死了，人家和你来个不按常规套路、不遵守游戏规则的打法，你还不被玩死啊。

学会如何对付小人，可以说是走上社会的必修功课之一。跟小人打交道的基本原则有三条：保持距离，不得罪对方，不跟对方交心。

>>> "敬鬼神而远之"，跟小人保持一定距离

对付小人，最高明的技巧莫过于跟对方保持若即若离的状态，尽可能地减少接触。——你是老虎屁股摸不得，我惹不起，我躲得起不成吗？尽量少跟小人废话，尽可能不跟他们产生任何生活、工作上的往来，小人与我们没有任何冲突，也没必要非得与我们作对。

但是注意如果你的街坊四邻、亲戚熟人或同事中不幸有这么一个小人，跟你抬头不见低头见的，你还得注意要维持一般的客气关系。要是你的蓄意疏远被对方觉察了，往往心胸狭窄、睚眦必报的小人就会在心中抱怨说："你有什么了不起的？敢看不起我！咱们骑驴看唱本——走着瞧！"如果形势演变成这样，那你可就惹上大麻烦了。

>>> 不要得罪小人，跟小人斤斤计较

实在没办法，如果不得不与小人打交道的话，注意一定不可得罪对方。具体来说，也包括说话和办事两方面的问题：

首先，不要与小人作口舌之争。小人做贼心虚，往往非常敏感，在某种程度上也为自己的所作所为感到自卑，生怕别人看破自己，瞧不起自

与坏人坏事
斗智斗勇

己。我们要是在言语上刺激了他们,他们就有可能产生你鄙视他们的感觉。

但小人,常常是有欺软怕硬的特点。我们越是不喜欢跟他们一般见识,他们越喜欢在我们面前夸夸其谈、卖弄口舌,以显示自己的聪明才智或者嘲笑挖苦别人。遇上这号神仙见了也发愁的活宝,我们千万要克制住自己的冲动,千万不要跟他们作口舌之争,逞一时口舌之利。

如果实在听不下去,不妨借故离开。我们若一时不肯忍耐,得罪了小人,日后就会很闹心。要知道跟这种人计较,只会浪费时间。

其次,注意不要损害小人的利益。小人往往见钱眼开、见利忘义,为了升官发财不择手段。而且往往拉帮结伙,成群结队,形成相对规模巨大的势力。你想占他们的便宜,那无异于与虎谋皮、虎口拔牙。成功的机会非常渺茫,而且风险巨大,事后还有可能遭到疯狂的反攻倒算。

跟小人打交道,很难捞着啥好处,就算捞着了,也未必是啥好事,明智的策略就是跟小人不发生任何利益来往,在生活、工作上与小人保持距离。

在不得不跟小人发生事务往来、人际应酬时,就得有个心理准备:豁出去吃一点亏,千万不要跟小人斤斤计较。小不忍则乱大谋。

〉〉〉不要跟小人交心,让对方摸不透你的为人

跟一般人交往,我们都提倡坦诚相见。不过这也得分对象,跟小人就不能坦诚相见。有些人喜欢没话找话、乱交流思想,不分对象,把自己的家底和谁都通告得一清二楚,岂不危险?还得注意的一条是,不要跟小人发牢骚,说第三者的闲话、坏话。

当然我们得承认,有时候有些人话多,除了没话找话,也有争取对方同情理解,想跟对方套近乎、交朋友的动机隐藏在里面。不过要是跟一个小人交心,那就无异于自取其辱、自取灭亡。

小人可都是心狠手辣、翻脸无情的人，为了自己的利益好处、亲爹亲娘都能拉出去卖个好价钱，他们才不管你那么信任他们，然后再利用你的信任伤害你，是不是有点缺德呢。这点心狠手辣的功夫都没有，人家还算什么小人嘛。

别看跟你平时唠得那么近乎，只要对自己有利，说不定什么时候，他们就会利用掌握的情报侵害你的利益。

7. 把对方的恶意化解在还未开始之时

当有人用言语冒犯我们时，我们的第一反应肯定就是要保护自己。有时我们可能会用这样的方式来回敬对方："你说什么？你再说一遍！""我不喜欢你这么跟我说话，你的做法让我很不高兴。""你别跟我吵了！"那些试图伤害我们的家伙，一时成了我们心中挥之不去的阴影，他们令我们甚至恨得想要杀人。

>>> 保持态度平和，攻击对方存在心理问题

其实对方之所以冒犯我们，多半只是因为不开心的缘故，试图为自己的情绪找一个发泄的出口。与对方针尖对麦芒地对着干，我们就等于把别人的不开心拿过来变成自己的了。我们所做的一切可能正是用言语冒犯你的人梦寐以求的东西。事实上我们说的那些话一点杀伤力都没有，要想捍卫自己的利益，我们得给对方来点颜色看看。

冒犯别人会使某些人觉得自己很有力量、很威风。要是我们被别人的

免受伤害的 人 情 事 故

与坏人坏事
斗智斗勇

冒犯吓唬住了，露出害怕软弱的样子，那就等于承认了对方的权威和力量，帮助对方释放了心理压力。

如果你在试图保护自己的时候，能保持平和态度，就会发现结果大不相同。与其说"你为啥这么跟我说话"，我们还不如说"你今天是不是很不开心啊"。与其说"我没什么对不起你的，你以后别跟我说话了"。倒不如说"哥们，肯定有什么事儿让你不开心了"。

用这种方式作出回应，我们并没有理睬对方的麻烦，那是对方的问题，根本不是我们自己的。在第一种说法中，连续使用了好几个"我"，结果把对方的问题变成了你和对方之间的问题；在第二种说法中，"我"从来没有出现过，那意味着你根本就没接对方的茬，对方仍旧保持着对麻烦的专有独占权。

除了避免了使自己难受，我们还成功地取得了逼迫对方进行防守的效果，使对方需要向我们解释自己的行为。我们并没有质问对方冒犯我们的原因，而质问对方出了什么毛病，对方本来想让我们郁闷，结果却被指出有问题，想不郁闷都很困难。

在这个方法中，你会发现，只要你不采用激烈的方式对别人的冒犯作出反应，你就一点也不会感到难受，因为对方的做法根本和你无关，你根本犯不着为对方的麻烦买单！

>>> 无条件地承认对方的正确，并冷淡、疏远对方

如果这种冒犯行为不是偶然现象，这个冒犯我们的人经常性地侵扰我们，我们就得继续往下阅读，想别的辙了。

人必自辱，而后人辱之。人际关系理论认为，别人对待我们的方式，都是我们教给他们的。为了避免对方的冒犯，我们必须告诉对方，哪些行为是不可接受、不能容忍的。当然了，这只是理想的情况，所以我们就得让对方见识一下，自己在对方孤行己见的情况下会采取哪些行动。

在面对对方的言语冒犯时，根本不用多说废话，只需要简单平静地对冒犯者说："你是对的，我很抱歉"就可以了。话虽然简单，但是却可以使最恶毒的攻击失去用武之地，因为我们已经承认对方是正确的了，所以就没有必要进行更多的争论。

然后我们就可以抽身离去，与某个就近的、真正的权威人士没话找话，显示彼此的亲密关系。通过交往态度的不同对比，把我们对对方的疏远信息传递过去。同时借助权威人士的力量，向对方施压。

>>> 假装因自己的原因痛苦不已，让对方的冒犯白费力气

如果上面的策略见效慢的话，还可以用这一招儿：装出因自己的原因很痛苦的样子。对方用言语来伤害我们，目的就是想让我们知道他可以使我们不高兴，使我们沮丧痛苦，为自己的渺小而难过。

当我们摆出很痛苦的样子，但原因在于自身而不是对方时，对方的计策就一无所获了。我们都已经自己抽自己嘴巴了，继续踢我们还有什么意思呢。一旦对方无趣地停止了吵闹，我们就可以毫发无损地离开了。

8. 压制暴力为己用

某武校教师随某，出自武当名门，年轻时多次获得技击比赛名次，参加多部电影演出。这几年虽然年纪大了，可也比一般的同龄人矫健得多。一日独自在夜市散步，流连路边的小摊，就忘了看路上行人。

忽然有一群少年人，有男有女，衣衫艳丽，从路边酒店出来，去马路

免受伤害的人情事故

与坏人坏事斗智斗勇

中央打车。当时夜市上人山人海,随老师躲避不及,就被其中一个高跟鞋女郎狠狠踩了一脚,随老师一时疼痛,手臂自然反应,就推了那女郎一把。

不期女郎被推中胸前,立即勃然大怒,脱口甩出一句国骂,随后又接着来了一句:"臭流氓!"随老师其实在家里也没少挨随师母的骂,但心说挨骂事小,被说成流氓事大,眼看这群男女艳妆华服、不伦不类,跟自己的学生徒弟年龄差不多,就激起了好为人师的老毛病,正色跟女郎争论起来。

众年轻人不干了,纷纷上前说:"你这老家伙耍流氓还有道理了,骂你怎么着,还要打你呢。"随老师不肯服软,一方面觉得自己身手不含糊,一方面没想到对方敢在大庭广众下动手,自然抬杠说:"小猴崽子们,反了你们,还想打我,有胆子你们打啊。"

不想被激怒的年轻人不讲江湖规矩,不等随老师站稳马步,放下手里的东西,已经发一声喊,一窝蜂似的冲上来揪头发、薅领子地把随老师按在地上一顿乱打。随老师虽有浑身武艺,不过遇上不讲规矩的人,竟然英雄无用武之地,被打得鼻青脸肿,断了一根肋骨。等110警车赶来救人时,这群年轻人早已一哄而散,踪迹全无。

事后随老师躺在医院病床上,只好对前来看望自己的家人、师友、弟子自我解嘲说:"人在江湖飘,难免不挨刀。"

"人在江湖飘,难免不挨刀",这当然是玩笑的说法。可现在的社会多元化的同时,不确定因素越来越多也是一个事实。随老师这样的武林人士也莫名其妙地挨揍了,何况咱一般的江湖外人士呢。多学点"锻炼身体、保卫自己"的技术,以对付非常意外事件,比如来自坏分子的人身攻击,也不是坏事。

>>> 规避身体侵害：忍一时风平浪静，好人不跟狗斗

在这里首先提示的是：如果坏蛋只是求财，抢夺、索要值钱的物事，你可千万别优柔寡断舍不得身外之物。因为这些东西其实都是可以再生的资源，只有命丢了不能再生。所以钱重要还是命金贵，我们自己心里得算明白。

事实上，即使是那些想求财的坏人，因为心里缺乏安全感，担心受害者反扑，也常常用伤害受害者身体的方式，来恐吓对方。

不过，如果你能严格按照下面提示的技巧说话、办事，就几乎能规避掉一般的常见身体侵害。当然，我们首先得有这么一个概念，那就是我们的唯一目的就是不受身体侵害。

◇ **不要跟蓄意找碴儿的人斤斤计较**

有时候，有人故意用言语或行为伤害、冒犯我们，可我们却根本不认识对方！在这种情况下，尤其是如果发现对方手里还拎着家伙，而且神情不善，我们就最好小心点，赶紧躲开对方。要是人家踩我们的脚、推搡、冲撞我们，或者用别的方式侵犯我们，就假装什么也没发生过！

人家这么做，很可能是故意来挑衅的！目的就是想找碴儿打架，释放自己多余的精力、压抑的情绪。对方也可能看不惯我们，想显示自己更强。不过不管出于什么目的，遇上这种没事找碴儿型的打架爱好者，我们最好敬而远之，不可跟他们斤斤计较。好人根本就惹不起这号人。

当然，这也很可能只是一个纯粹的偶然事件，地球上人这么多，难免出门相互碰撞、冲突。只是我们无从获得全面的信息，无从判断具体的形势而已。

不过能不能在这种场合作出准确的判断其实并不重要。一个文明人何必跟野蛮人计较呢？对你来说，最重要的事情是使自己平平安安出门去，安安全全回家来。遇上类似的事情，只要可能，能跑多远跑多远，能溜多快溜多快。

与坏人坏事
斗智斗勇

◇甘拜下风，承认对方是正确的

如果与我们找碴儿的人和我们认识，在挑事的时候大吵大嚷、骂骂咧咧的，唯恐天下人不知道。那么可以明确得知，对方这么做的目的多半就是想要耍威风、显示自己的优越地位，同时收到杀鸡吓猴、扬名立万的效果。

在前面，我们已经介绍过如何化解他人敌意的技巧时，我们曾一起经历过"示弱可以有效地消除对方敌意"的实例。类似的，在这种情况下，要想打消对方的火气，避免可能的身体侵害，我们必须承认对方的权威和力量。要做到这个倒是很简单，只要我们肯甘拜下风，跟对方说一声"对不起，你是正确的"，然后脱离接触，多数情况下就可以避免冲突了。

◇假装自己很痛苦，让对方没必要再攻击你

如果碰到上面的技巧也不好用的时候，我们这里还有另外一个技巧。当对方找我们的麻烦、图谋揍我们一顿时，其实是想把自己的负面情绪转嫁给我们，此时此刻，对方往往存在一定程度的心理问题，或许正遭受着生气、难受、沮丧、痛苦等等情绪的困扰。对方想侵害我们，就是想通过让我们痛苦的方式，验证自己的力量，恢复自己的心理平衡。

如果此时，我们主动做出一副比对方还不爽、还委屈的样子来，在某种意义上，对方就兵不血刃地实现了自己的目的。具体来说，我们也可以夸张地表白一下自己对自己的不满情绪。

对方看到现在的我们如此痛苦、不幸，伤害我们也不能对印证他的力量有什么作用，就不会再有兴趣非修理我们不可了。即使不动手，他的负面情绪也已经通过优越感的获得，找到了适当的发泄渠道。

9. 宿敌也可以化敌为友

有人总找我们的别扭、和我们为敌，除了相互之间有现实的利益冲突（这个方面需要利益格局的重新分配，这里暂不讨论）。在人际关系方面，造成这种问题的原因一般有以下四种情况：第一种情况是人家觉得我们不喜欢他；第二种情况是对方把我们当成自己的威胁；第三种情况是对方脾气不好，对谁都一样；第四种情况是对方不喜欢我们的所作所为。

如果是第四种情况，我们可以回头去看下前面的内容，想办法让人家原谅我们；如果是第一、第二、第三种情况，我们就得安静地坐下来，学一学下面的社交技巧，以改善别人的态度了。

〉〉〉 确认病根子是否在自己身上，及时调整自己的言行

在设法化敌为友前，首先需要做的是确定人家与我们为敌的原因不出在自己的身上。需要说明的是，研究表明，乐观的人倾向于认定其他人喜欢自己。而自卑的人则一般认为别人不喜欢自己，他们自己因为某些原因不喜欢自己，就以为别人也因为同样的原因不喜欢自己。因此，如果某个人是个比较自卑的人的话，就会很容易得出别人不喜欢自己的结论。

如果我们预期别人不喜欢我们，预言就多半会变成真的。而且，我们自己的预期还会导致对方用相应的行为模式对待我们。

人们对彼此的预期在人际关系中起到很大的作用，原因就在于当我们认定对方不喜欢自己时，我们自己的行为模式就会不由自主地充满敌意，

免受伤害的人情事故
与坏人坏事
斗智斗勇

而这种敌意加于对方的结果就是对方真的开始不喜欢我们,并采取冤冤相报的方式来对付我们。

如果想化敌为友,首先就应该确认对方与我们为敌,并不是我们自己的原因,如果是的,我们就得反省一下自己的言谈举止、所作所为。

>>> 请第三方转达我们的仰慕之情,我们的善意会更容易被接受

接下来,在确定问题不是出在自己身上后,才可以实行下面的计策:

许多研究表明,一旦人们发现有人喜欢自己,他们也多少会倾向于喜欢对方。要是我们可以告诉他们我们喜欢、崇拜、尊重他们,他们也多半会对我们产生类似的感情。

问题是怎么样告诉呢?我们可以通过第三方传递这一信息,比如说双方共同的朋友,我们可以和熟人说,虽然某人总是跟我们过不去,但是这个人有优点,自己真的很喜欢很敬重他。一旦这个信息传到对方耳朵里,对方绝对会感到自豪的。

人人都乐意被别人欣赏。尽我们所能地跟第三方倾诉对对方的仰慕和崇拜之情,一旦话被传过去了,很快就会发生奇迹。

有人也许会问,"为啥不可以直接跟对方说呢?还非得费劲通过第三方的转述?"不建议直接表达,主要有两个原因:

第一个原因是直接说的话,风险太大。对方一向与我们为敌已经习惯了,有可能一时反应不过来,不会买账。让我们的热脸贴人家的冷屁股。我们也是要面子的人,当然不想被人家冷落伤害。更重要的是,这种伤害行为会使彼此之间的关系进一步恶化,使两人之间的纠葛越发不好化解。

第二个原因是,通过第三方传达的效果会更好。这是因为在关系紧张的两个人之间往往存在强烈的戒心。前面说过,人们倾向于投桃报李,对喜欢自己的人回报以喜欢。但如果对方已经习惯了与我们为敌,

当我们亲自向对方表示友善时，对方并不一定会回应我们的善意。

对方很可能会怀疑我们是在曲意逢迎他，甚至怀疑你正在策划反对自己的阴谋，所以，对方根本就不会对你的善意表白给予回应。我们的态度突然180度的大转弯，对方就会这么反问自己："这人为啥对我这么好呢？这人不是有毛病吧？他到底有什么企图？"

要想让一向敌视我们的人珍视我们的善意，我们首先就必须攻破他们的心理防线。要是不直接跟对方交流，通过第三方把话传过去，对方的心理防线就被绕过去了。人们一般会认为，既然我们是在背后表达的好感，那多半并无功利性的动机，说得肯定是真话。对方最多只会揣摩一下第三方的心理："这人没必要忽悠我啊，忽悠我他能得到啥好处呢？"

对方与我们为敌，主要因为把我们看成对他们的一个威胁时，那对方不喜欢我们的本质就是嫉妒。稍微变化一下前述技巧，我们照样可以消解对方的敌意。具体地做法就是，在通过第三方传话时，主要地把表达仰慕的重点集中在夸赞对方的优点和对方的丰功伟绩上面。

实际上很多人可能不知道：人一旦知道某人真心喜欢、崇拜自己以后，真的很难再对这个人痛下杀手了。赶跑了这么好的仰慕者，以后谁来仰慕自己啊？通过让对方了解到我们对对方的崇拜，对方就会把我们当成自己的盟友，而不再是一个威胁。

>>> 真诚地关心、关注对方，给人以良好的自我感觉

在使用了前述技巧后，我们成功地转变了对方对我们的态度，昔日的敌手见到我们终于有点眉开眼笑的感觉了。可是以后又该怎么发展呢？见面时不再剑拔弩张了，可是关系怎么样才能继续深入发展一下呢？永远做点头之交的话，费那么大力气的价值也就不大了。

要想深入交往，除了使用前面我们曾经介绍过的如何使人喜欢上你的

▶▶第六章

其他方面的人情世故：
在竞争和冲突中百战百胜

只要有人的地方就有竞争和冲突。人与人之间相处，难免饭勺碰锅盖。就算和我们打交道的人都心地善良、道德高尚、志趣高雅，大家之间也还是免不了有发生竞争、冲突和纠葛的时候。这一点，就是深深相爱的情侣之间、血浓于水的亲子之间，都不能避免。面对竞争和冲突，人的直觉反应就是追求胜利。在维护正义和保护个人合法权益的范围内，追求竞争和冲突的胜利，当然是无可非议的。

这一章我们将要讨论的一些技巧，就是针对人与人之间的竞争、冲突问题的，目的是使你成为一个社交场上的心理战高手，在任何竞争和冲突中都能立于不败之地。

一·本·书·学·会

人情世故

1. 一记妙招在竞争中
百战百胜 ．．．．．．．．．．．．．．

两个势均力敌的拳击运动员就要开始比赛，以争夺世界拳王的金腰带。甲拳手年轻力壮，乙拳手经验丰富，赛前评论界都非常看好这场比赛，认定赛场上必定有一番龙争虎斗，观众席上也是人山人海。究竟谁能取得最后的胜利呢？

甲拳手在激昂的音乐和观众海潮一样的呼喊声中首先出场，过了一会儿，身上严严实实地裹着黑斗篷的乙拳手也走上场来，手里还拿着一个好像手臂的塑料玩具，来回地朝观众摇动示意。

双方都上台后，运动员在裁判的引导下，按照比赛礼仪，互致问候。甲拳手想跟乙拳手击掌，乙拳手却伸出了塑料手。塑料手在跟甲拳手的手掌接触的一瞬间忽然断了，中间的空心处冒出一条面目狰狞的花蛇。

甲拳手早年曾经被蛇所伤，生平最害怕的东西就是蛇，立刻被吓得大呼小叫，扭头就跑。乙拳手却哈哈大笑，握着花蛇追赶甲拳手，吓得甲拳手手足无措、绕场乱窜。现场观众不禁哗然。

裁判和甲拳手的教练、保镖赶紧冲上去制止乙拳手，却发现乙拳手手里拿的并不是真蛇，只是一个做得极其逼真的蛇玩具。

被这么一个小插曲耽误了一会儿，比赛继续进行。但已经心浮气躁的甲拳手再难有精彩表现，开始几局连连败北，虽然后来勉强扳回一局，但

其他方面的人情事故

在竞争和冲突中
百战百胜

里开始未雨绸缪的。

要是你觉得心里没底,自己还没有达到最佳的状态,那就不要出手,尽可能地拖延采取行动的时间,先研究出妥当的制胜之策。

◇ 全身心地投入到目标中去

在理想状态,人应该完全忘记自我的存在。要想做到这一点,我们就必须全身心地投入到自己的工作目标中去。这么一来我们就不会被随机的意外事件所干扰,也不会总怀疑自己。当我们把全部精力都投入到争取目标的成功时,我们就再没有任何私心杂念,自然而然地也就把自己的最大潜力发挥出来了。

◇ 进行心灵彩排

我们常常感慨人生不能重来,觉得同样的事情,要是可以再经历一次,我们绝对能表现得更加出色或至少不会输得那么惨。生活就算无法重新来过,但对于未来的事情,要是我们能在脑海深处用想象的方法,先想象一番自己在彼时的理想状态,我们就有可能在未来的实际操作中有精彩表现。

研究表明,在心里对要做的事情进行想象性的彩排,跟进行实际的练习有一样的效果。在事情真实到来前,尽可能地想象自己在理想状态下的音容笑貌、言谈举止,这就是心灵彩排。怎么样说话、怎么样行动、别人会怎么样对待我们、别人会怎么样看待我们等等细节都要照顾到,尽可能地想象出一副真实场面的完整画面。

在我们自己亲身经历、意气风发地完成某件大事情前,先在心里像看电影似的过一遍那件事情,我们最后就有可能在实际操作中获得成功。平时多流汗,战时少流血。当然,这种心灵的想象彩排,跟任何一种训练一样,都是训练得越多效果越好。

◇ 永远要有第二套方案

部队打仗时,司令总是会留下一队人马做预备队,万一自己一方哪里没照顾到吃紧了,就把预备队派上去救急。不管世界风云如何变幻,只要我们有所准备，就什么也不用怕。

准备一个第二套方案不仅会使你视野更开阔，增大你的成功机会，也可以使你在具体行动时保持更加雍容自信的风度。准备一个第二套方案的风险在于，你有可能因此太迅速地放弃第一套方案，从而把自己推向失败的边缘。第二套方案永远只能在第一套方案确定不可行的时候才能予以启动。

>>> 立于不败之地，使自己站在能胜利的一方作战

小吴和小刘是一个寝室的大学同学。小吴在大学几乎年年拿奖学金、当班级、学院、校学生会干部，论社交能力和专业能力，远远超过只知道看死书的小刘。20世纪90年代，两人毕业后，小吴签约了一家当时效益很好的国有企业。开始时，混得也风生水起。等到世纪末，国有企业在国家政策引导下走向破产、兼并、重组，小吴的单位宣布破产，小吴成了下岗工人，一时连生计都成了问题。

小刘毕业时去了当时待遇不怎么好，没人爱去的税务局做税务工作人员，不想随着市场经济的发展，国家政策的调整，税务体系的工作人员成了公务员，在待遇方面越来越好。干的年头多了，小刘也慢慢地走上了领导岗位，再不用披星戴月地出去亲自收税。

上面这个案例充分说明，很多时候，能力强没有站好队重要。立于不败之地的关键在于，你站的位置就是不可能失败的位置。

◇ 选择自己熟悉的竞争环境

假设"森林之王"狮子和"海洋霸主"鲨鱼打了起来，会孰胜孰负呢？答案是在谁的地盘打谁胜出。不管什么时候与人发生竞争，都要设法尽可能地利用主场优势。设法把战斗安排在自己的地盘里，因为熟悉环境，你会感到一切都习惯顺手，对手就恰好相反，处处不顺手。要是没法在自己的地盘跟对方决斗，在事情临头前，也得尽可能多去事发地点走访，让自己

其他方面的人情事故

在竞争和冲突中
百战百胜

了解习惯那里的情况。

◇**设法使旁观者的出现有利于自己**

当有人在旁边看着时，人做什么事情时一般会显得更加来劲，俗话管这叫"人来疯"。研究表明：在需要解决的事情比较简单时，旁观者的存在会刺激我们的兴奋度，有助于提高工作效率。在面对的问题比较棘手时，旁观者的存在只会使我们更加焦虑。

研究进一步显示，要是处理的事情当事人比较在行，不管简单还是困难，旁观者的存在都能促使这个人做得更好。而如果处理的事情自己没什么信心或者不在行，当事人在有人旁观的情况下会表现得更糟糕。

根据以上原理，在跟一个能力比自己强的人竞争时，我们应该尽量选择没有第三方旁观的时机；要是对自己比较有信心，那么就选择一个有很多人看热闹的环境跟对方单挑，这样对方的表现就会更差。

◇**进攻要出其不意，要先下手为强**

《孙子兵法》中，大量精彩的论述都是讲打仗的。实际上那里所说的兵书战策也适用于人际关系和职场搏杀，以下我们简单说一下：

孙武认为：不管采取什么行动都要尽可能地出其不意，让对方无法揣摩自己的意图。要想搞糊涂我们的对手，可以采用制造假象和作怪的方式。我们只要做事情没有一定的套路可循，对方就一定摸不着头脑，不自觉地盲动，一盲动就会暴露出弱点给你以可乘之机；对手的注意力被我们干扰、分散，就会搞不清楚哪些是当务之急。跟强大的对手竞争，就可以使用这个方法。

孙武还认为：如果作战是不可避免的，就一定要先下手为强。抢先发动攻击，我们就可以掌握主动权。一旦发动攻击，就不要给对方喘息之机，一定要造成对方连续的迅速崩溃，以彻底摧毁对方的抵抗意志。此外，还可以采用不间断地骚扰的策略，这样时间一长，对方的身体和精力就会垮下来，自动举手投降。

2. 事情伸缩自如，皆由你控制

人的生活方式，在某种程度上，跟赌博是差不多的。生活在本质上无非是一系列赌博式的决定。敢不敢赌一把，能获得什么样的回报，在一定程度上决定了我们的生活状况。许多人在生活的竞技场上只输不赢，原因何在？其实无非是策略不对头。下面我们就拿赌博来打比方、说说如何制定正确的竞争策略这个问题。

参加赌博活动获胜的概率只有 2%，不管玩吃老虎机、轮盘赌，还是 21 点之类的扑克游戏都是这样的。有些赌博方式比较强调技巧或特别的技术，也不过就能把获胜概率提高到 20% 左右。这正是参与赌博活动的人，高达 80% 都会输钱的原因。要是赌博可以发家致富，人家为什么开赌场呢？

在某些人看来，赌博就是一种游戏或者比赛，跟体育运动没什么区别，规则是大家都认可的，除非有人出老千，庄家是人、自己也是人，只要有足够的智力和耐心就能赢钱。这种说法理论上是成立的，但实际上却并非如此。原因在于身处赌场的人，就算有足够的智力和耐心，往往也被想赢钱的情绪所控制，不能采取正确的赌博策略。

>>> 学会克制自己的贪欲，适时收手或跟进

赌博的人有两种典型心理，第一种是越输越赌，越赌越输。有个赌徒下了 10 元钱的赌注，结果输掉了。他就加大赌注赌 20 元钱，结果又输掉了。然后，气急败坏的他把赌注增加到 30 元钱，结果还是输了。赌博的人

其他方面的人情事故

在竞争和冲突中
百战百胜

在输钱时，经常试图增大赌注，急于挽回以前损失掉的钱，结果越输越多。

赌徒的第二种典型心理模式是自己跟自己过不去，不管赢钱输钱都不高兴。赌10元钱的时候，他输了钱。继续赌10元钱，结果又输光了。这种情况下，赌徒自然高兴不起来。输的次数一多，他开始降低赌注了。这也许是运势的转机，万一他赢钱了，会不会高兴起来呢？错！赌博的人是永远不会满足的。要是这一次赢了钱，赌徒就会捶胸顿足自己为什么没有增大赌注。要是这一次输了，他当然还是高兴不起来。当然有些人有时候在这种情况下，也会有点感到得意，为了自己没有输掉更多的钱庆幸，觉得自己减少赌注实在是明智之举。

要是赢了钱不就开心了吗？就算赢钱的机会很小，毕竟不还是有赢钱的时候嘛！有的人也许会这样说。问题在于赌博的人从来不懂得见好就收的道理，很少有人能在自己赢钱的时候抽身离开，最后离开多半是风光不再，把钱输得差不多了的时候。这就是大赌场日进斗金、从来不会被赌客赢光了钱的道理。

赌博的人除非输钱，否则他们是绝对不会自己停手的。赢钱的时候，很少有人能主动停下来的。人赢了钱就会想赢更多的钱。

输钱的时候不管增加赌注还是减少赌注，都不是解决问题的办法。有关研究者认为，输钱的时候，最好就立刻停下来不赌。当然赌徒们是最讨厌这样，他们总想翻本，输了钱的哪有不想翻本的。研究者也认为，倒是在开始赢钱的时候，稍微增加一点赌注比较聪明。

其实赌博属于贪得无厌，也就是不知道克制自己的欲望。此时就是浪费时间和精力的情况下使自己希望越大，失望也就越大。长此以往，贪欲强烈到病态的不可克制时，就会不择手段地损害他人利益来达到自己的目的，最终以至于众叛亲离，失去生活的乐趣。此时就真的悔之晚矣了。

>>> 不要有太强的功利心，对输赢胜负淡然处之

另外一件值得一提的事情是，赌博策略是不是失败，完全可以从赌博的人是否恐惧看出来。赌博的人害怕时，所做出的决定就往往是情绪化的、常常缺乏逻辑。一心不可二用，赌博的时候人应该专注于游戏，不能对输赢想太多。一边赌钱一边在心里求神拜佛，那说明这个人心里根本就没底。

赌博时的最好状态就是超然于物外，也就是做到对输赢完全无所谓，对赌博本身完全客观，一点也不感情用事。可是，要是一个人赌钱的赌注太大，大得超出自己的承受能力，那么在做决断的时候，怎么可能完全排除得了情感因素的干扰呢。

就算我们没有进过真正的赌场，跟家人、朋友、同事一起打扑克赢点小钱的经验总会有吧？要是我们完全沉浸于游戏中，就会变得心无杂念，全副心思只在如何打出好牌上。通宵达旦地连续作战，有时甚至也不觉得饥饿，真是废寝忘食的感觉。

不管是在牌桌上还是在生活中，要是我们能玩出这种心态来，那就一定能赢。越不当一回事就越容易赢！要总是瞻前顾后地胡思乱想，那最好在采取行动前最好还是增强自己的自信心。对自己不喜欢的事情，最好不做，因为多半会失败。

总之，那些在赌场上需要的技巧也同样适用于现实生活。策略一旦改变，运气就会转好。不再跟着情绪走，就可以每一次上场都赢得盆满钵满了。

其他方面的人情事故

在竞争和冲突中
百战百胜

3. 嘴上功夫
显神威

跟人打交道时，经常会陷入各种争论，面对种种愚蠢的问题。如何在口头上不吃别人的亏，可是一门艺术，在社交中也算是一种看家本领。关于这方面的问题，前人也没少写文章论述，不过这些文章一般都有一个假设的前提，那就是我们和我们的谈话对象进行的是有意义、有理性的对话。但实际上我们在日常生活中的许多谈话都是莫名其妙、不遵守规矩、缺乏逻辑的。

某著名节目主持人被人们称为"铁嘴"，有一次去某地办事，路上车很多，有一辆马自达横冲直撞，结果主持人好端端的宝马被马自达刮花了。"铁嘴"赶紧下车查看，跟对方交涉。

不想对方车上下来一个中年胖妇女、一个大眼睛瘦高个小伙，两人扯着嗓子跟铁嘴先生大喊，死活不认账，还诬赖著名主持人仗势欺人。主持人被气得脸色铁青、哑口无言。好在交警很快赶到，把事情处理好了。

主持人回到家里跟老婆说起这件事，老婆笑问："看你平时挺能说的，怎么遇上事儿反而不行了呢？"

主持人摇头叹道："他们说话，根本就不讲规矩，顺口胡说，动之以情、晓之以理，通通不行，我有什么办法！"

用情理说服别人，自然是在争辩中需要做的基本工作，问题是，有些时候，人家根本听不进去你的情理，或者就是故意不想听进去。我们按照精心算计好的策略，跟一个谈话对象阐述自己的观点和立场。但是对方不一定吃你那一套，又该怎么办？如果人家扯着嗓子，只顾自说自话，你怎么办？

在很多情况下，动之以情、晓之以理的争辩方法，只是在理论上有效。假如对方根本就听不进去你说的话，根本不理解甚至曲解你说的话，然后根据自己的理解，向你提出一些无厘头的问题。这个时候我们就会跟主持人"铁嘴"先生一样，"秀才遇到兵，有理说不清"了。

这里要探讨的社交技巧，所针对的就是你面对的谈话对象是无厘头高手时的情况。它们可以迅速有效地帮我们控制住谈话、在谈话中占据主动权。

>>> 决不承认对方的立场、观点，占据论辩的主动权

◇ 不要为自己辩解

为自己辩解是辩论中最容易出现的最大错误。一旦我们开始为自己辩解时，我们就在某种程度上处于下风了。为自己辩解就好像是我军仰面强攻别人占据的山头一样。辩解意味着人家对我们的指责是确有其事的，就算解释得再圆满，也不过就是论证自己的做法的合理性。辩解也意味着被迫进入了抵抗他人进攻的防守态势。

不幸的是，大多数人在面临别人的指责时，出于自尊心和虚伪的道德主义，都会本能地为自己辩解。这么做当然是失策的。为自己辩解得越多，看上去越像是"犯罪分子"，越容易成为人家攻击的活靶子。

◇ 不要接受对方的论辩前提

我们在辩论中易犯的另外一个错误是接受别人的论辩前提，从别人的前提出发讨论问题。比如有人跟我们说："你气色看起来不怎么好啊。你怎么这么不关心自己呢？"对方话语的前提是我们的气色不太好，这个假定的前提就是对我们不利的，如果我们接受了这个前提，不管说自己关心自己、不关心自己，还是如何关心自己，始终都是有毛病、有问题的。既然已经承认自己的气色不太好，就很容易被人家引申开来，遭到进一步的攻击。

比如你回答说："啊，我最近老熬夜的缘故吧……"对方就可以接茬

其他方面的人情事故

在竞争和冲突中
百战百胜

说:"老熬夜干吗啊？工作白天还弄不完？你这办事效率可真成问题。"结果，你遭到了新一轮的抢白，不得不在对方的思路笼罩下继续为自己辩护。

〉〉〉夺取论辩的主动权——最好的防御就是进攻！

既然问题出在防御姿态上，咱们不防御、改成不断地进攻不就得了。有一个著名军事家曾经说过，进攻是最好的防守。要是有人问我们的问题十分过分，我们就可以转守为攻问对方说："你希望我怎么回答你这个问题？"

当你这么问对方时，有可能得到两种反应。第一种情况，对方可能会说："我不知道。"那你就可以回敬说："你问我问题，然后还不知道想要什么样的答案，那我怎么可能知道呢？"

在另外一种情况下，对方可能给你一种具体的回答。不过对方的回答只是给你留下一个把柄：对方现在回答了你的提问，已经陷入了防守态势。

比如有个男孩试图向一个美女发出约会的邀请。在这个男孩表白了一番后，对方反驳说觉得他的年龄太小，不适合谈恋爱。要是这个男孩接过人家的话头说什么"我才不小呢，我已经……"，那就陷入了被动防守，对方已经迫使这个男孩为自己进行辩护。

聪明的回答是"那你想要多大的？"对方也许会说28岁的比较合适。接着这个男孩就可以跟着说："26岁怎么样？26岁的还不算成熟吗？"结果，对方还得继续为自己的立场进行辩解。

谈话进行到这里是最精彩的部分。当这个男孩问得越具体时，对方就越难以证实自己的观点。比如，此时跟这个男孩对抗的美女，如果坚持不接受男孩的邀请，就不得不跟这个男孩解释一下28岁和26岁的人到底有什么区别。当然了，谁也说不清楚有什么区别。对方可能会勉为其难地给出一个自圆其说的解释，但这只是给了这个男孩一个机会，继续向对方压迫，追问她这么思考问题的原因，交代更深入的具体细节。

这个技巧的关键，是要对方回答为什么他的前提是正确的，而尽量避免用回答来论证自己行为和观点的合理性。在旁观者的眼睛里，这时的对方绝对是一副倔头倔脑、傻里傻气的样子。原因无他，任何观念都是相对正确，问题一旦具体化了，还有人非坚持他的理论是"放之四海而皆准"的真理，当然就是犯傻。

总之，在遭遇质疑的时候，明智的做法是不采取防守姿态、不接受对方的质问前提，而主动出击，追问对方这么看问题的原因，让对方与他自己的观点自相矛盾。

对方有时会使用一些很过分的语言，对我们进行疯狂打压，比如："没有我你啥事也办不成"、"你这件事儿做得太笨了"、"你啊，根本就不知道什么是正确的"等等。在这种情况下，我们就可以使用上面的技巧，用反问对方这么说的理由、而不是为自己辩解的方法，让对方陷入自我防守的泥潭。

其他一些回敬对方的、比较聪明的说法还有这些："你为啥那么说呢？""你怎么对什么事情都看不惯呢？""最近是不是出事了，怎么对社会这么不满呢？"通过采取进攻姿态、避免防守，你不费吹灰之力就把对方的攻势化解了，还把对方逼进为自己辩护的不利境地。你根本就不需要跟任何人解释自己如何如何、怎样怎样的问题，你根本就不承认对方的说法，对方还跟你争论什么呢。

〉〉〉对诘难的细节进行反问，扭转争辩的颓势

是的，前面的技巧的确很好，可老虎也有打盹的时候，万一一个人一不小心被别人抢了先机，或者干脆就是不知道说啥才好，一时在争辩中处于下风，怎么样才能力挽狂澜、扭转对自己不利的局面呢？不要急，接下来要提供的技巧就是解决这个问题的。

要是我们不喜欢被问到的问题，就干脆不回答。但消极对抗也不是解

其他方面的人情事故

在竞争和冲突中
百战百胜

决问题之道，我们可以偷偷诱导对方改变自己的问题，回答另外一个问题。要做到这一点，我们可以在遭到质问时，反问对方："你这么说有什么根据吗？"或者"我没听明白你的话，你到底是什么意思？"经过这么一问，就逼得对方不得不进一步解释自己的问题，这样我们就可以就具体的细节答复对方，而不必面对最初的问题了。

比如我是一个分公司的一把手，副经理跟我说："最近员工普遍都对工作环境感到不满，这到底是什么原因？"我要是直接回答的话，根本就说不明白。这个问题太笼统了。

所以这时的我就得要求副经理澄清自己的问题，在一个更具体的语境下回复对方。接下来，我可以这样置换对方的问题："我没听明白你的话，你到底是什么意思？"

无奈的副经理只好摇着头解释说："我也是听别人反映的，凯丽、小苏和瑞敏都跟我抱怨过，说午休吃饭的时间不够用。"这个时候，我就明白了，原来并不是所有人都对工作环境不满，而是有三个员工对午餐休息时间太短有意见。要应付这个问题当然是要简单得多。但是你还可以继续压缩对方的问题。

接下来我可以继续说："原来是嫌午休时间短啊！他们想休息多长时间呢？"显然，话题讨论到这里，我已经控制住了局面，迫使对方进行防守，一个接一个地回答我反过来提出的具体问题。

不过在这么做的同时，千万要注意一点就是不要显出自己是在回避问题的模样，以免引起对方的强烈抵触情绪。

〉〉〉回应地位比自己优越的人的责难，曲解其冒犯的成分

有的时候，比如谈话对象是大人物，针锋相对的反问会有以下犯上的嫌疑，上面的技巧可能会不太适用。接下来我们再研究一个可以转移话题而且不会引起争议的技巧，它的独特之处在于大家在谈话中谁也不试图压

倒对方，可以使双方的谈话更有建设性，达到互惠互利的双赢目的。

在对方向我们提出了一个比较不好回答的问题后，我们就可以这么反应："我觉得你的真实意思恐怕是想说……"然后就把话题转换到新的方向上去。

假设我是一个分公司经理，董事长跟我说："你这经理怎么当的？"我就可以回应说："我知道您的真正意思是想说：'要是在降低成本的同时，我能给公司再多赚点钱那就更好了。'您对赚钱更感兴趣，是不是啊？"

我对对方言辞中的冒犯成分采取了高姿态的态度，同时挖掘出对方话语的深层次信息。对方不得不同意我的说法，除非对方能为我当不好经理这种说法罗织出实际的罪状来。对方初步认可了我以后，接下来我就可以具体说明我的经营策略，比如提高提高销售额、开发新产品的计划等等。

如果有人跟我说："你是不是不拿我当一回事啊？"在回复的时候可以这么说："我知道你的真正意思是想说我有对不起你的地方，老辜负你对我的期望，我向你保证以后再也不会有那样的事情发生了。"我这么一说，又把问题偷换成比较具体的内容了。

想要把抽象的问题回答明白几乎是不可能的事情。总之，尽可能把对方的问题引向具体、明确的方向，然后再予以解答。对方的问题含糊而不明确，你贸然回答的话，只会陷入被动。

接下来再举一个例子。有人不满意地跟我说："哈，我看你怎么一点精神头都没有呢？"我则可以回应说："我知道你的意思是想说，很关心我目前的状态，但是又不清楚到底是怎么一回事。"对方当然不是这个意思，但是我们才不管呢，这么一说，我面对的问题就变简单了。

〉〉〉打断对方的思路，获得喘息之机

除这些以外还有一种情况，就是由于面对巨大的压力，我们的大脑忽然卡壳，实在不知道说什么才好，没法立刻对对方的话进行回复，那就得

在竞争和冲突中
百战百胜

想办法让谈话暂时中断一下。

有一些说法具有催眠似的效果,可以让听到的人一时陷入恍惚状态,也就是说这些话可以暂时打断对方的思路。在需要的时候使用这些话语,我们就能控制住谈话的进程,赢得时间重新整理自己的想法。这些话语具体如下:

"为什么你问我这种连你自己也不清楚的问题呢?"

"你真觉得你可以相信你自己的想法吗?"

"我明白你说的是什么意思,不过光我明白没有用,事实并非如此。"

"你要是希望我相信你,你就不应该这么说。"

"你知道问题的答案,所以你才问我的,是不是?"

"有些事情你已经忘了,自己还不知道,是不是?"

这些话语,在阅读的时候,也一定会觉得有点绕嘴,需要费几秒钟的时间才能反应过来。当然了,这些话有杀伤力,原因就在于此。在谈话中间可以广泛地使用这些话,能收到从无意识的层面导入新观点的效果。

4. 强硬打击
对方软肋

生活、工作中,经常遇到的一种情况是双方意见不同,相持不下。往往是"公说公有理、婆说婆有理",结果各说各话,谁也不肯听对方的。在这种情况下,要是我们一点方法和技巧不使用,那是不可能克敌制胜的。

需要注意的是在这种情况下,其实双方由于各自囿于自己的立场,要维护自己一方的利益,真理掌握在谁的手里,已经不是解决问题的关键。所以,解决这种竞争僵局,也就不能跟宋襄公似的讲仁义道德,而只能从技术的角度，利用对方的弱点，消耗对方的意志，使得对方不得不跟你妥协。

>>> 抓住对方的小疏漏做文章，以一点带动全局

养老院的护士长亚男跟另一位护士长艳华，就各自小组的倒班方案发生了争议，亚男渐渐处于下风。忽然，说得兴起的艳华不小心把一点口水喷到了亚男的胳膊上。亚男灵机一动，立刻变了脸色，死活诬赖艳华瞧不起自己、不拿自己当一回事，用口水吐自己。旁边的同事好说歹说，她就是不松口，认定了艳华用口水吐自己，非要拉艳华去见院长讨个说法不可。艳华见亚男气焰逼人，争了一会儿，实在没有办法，只好自认倒霉，向亚男道歉，并主动提出接受亚男的倒班计划。亚男这才故作勉强的样子，不再就口水问题纠缠艳华。

在这个案例中，亚男成功地利用了对方行为上的不检点之处，得理不让人，攻击对方的死角，逼得对方没有办法，最后只好被牵动全局，妥协了事。

对方夸夸其谈、口若悬河，论点鲜明准确，论据翔实丰富，说得我们一时哑口无言、束手无策，不知道从哪里下手驳倒对方才好。干脆就按照人家说的办，如果我们不甘心，想上演绝地反击，对方又没落下什么话柄在我们手里，这又如何是好？

在这种情况下，常规的作战已经无法取胜，唯一的方法就是没事找事、从对方不着边际的细小疏漏中挑毛病、做文章。只要发现对方某一个环节出了点错漏，不管大小、无论跟双方争议的问题有没有关系，狠狠抓住，决不放手，然后拼命放大夸张，不惜对毫无关系的细枝末节进行攻击破坏，让对方顾此失彼，焦头烂额，没有办法探讨主要的问题。这样对方原来有优势的，也变成没有；没有优势的，更会被我们占尽先机。

当然，对方不会不明白你的意思，最后被我们纠缠得没有办法了，陷

其他方面的人情事故

在竞争和冲突中
百战百胜

入精神崩溃，就会主动提出在真正的核心问题方面对我们作出让步，以便使得我们放他们一马。

>>> 胡搅蛮缠、无理搅三分

有时候，跟我们对阵的是真正的"口水高手"，对方不仅压得我们只有接架之功，没有还手之力，而且没有任何不经意的小疏漏出现，供我们抓小辫子。被逼到死角的你，虽然也不是吃素的，但却是苦苦支撑，眼看就要支持不住。

在这种情况下，我们若是不想妥协丢面子，就可以胡搅蛮缠一把，把没有道理的说成有道理的，把毫无关系的说成有关系的，把根本没办法解决的问题跟两人之间的纠葛扯在一起，让对方的思路为之混乱、再也无计可施，最后不得不对你让步。在论辩中，没有理由要对方让步的话，就创造理由让他让步。

比如，家具商邵女士去云南一个木材市场采购紫檀木时，木材商答应卖给邵女士二千立方米的紫檀木，但是非得搭配一批松木板。邵女士所在的东北地区松木板材多得很，价格也并不贵，何况把这儿的板材运回东北还要搭路费，邵女士就不肯接受。

木材商说自己现在欠了银行一笔贷款，要把紫檀木和红松全部卖掉才可以凑够欠银行的贷款和利息，所以邵女士必须一起把紫檀木和松木板买走，否则他就只能卖给别人。邵女士说，你把紫檀木和松木板分开卖不是一样有钱还银行吗？对方却声称，单独卖松木板不容易卖掉，所以必须和紫檀木一起搭配出售。

邵女士来买紫檀木，本来跟松木板一点关系没有。可是木材商吃准了作为家具商的邵女士急需紫檀木，而且可以消耗掉搭配的松木板，就布好了圈套，硬逼着邵女士往里钻。

坚持了一段时间，邵女士实在联系不到更适合的货源，只好吃了个小亏，把紫檀木和松木板一起买了下来。木材商在这里就利用了胡搅蛮缠的技巧，硬是逼着邵女士照顾自己的生意。

〉〉〉扮可怜相，向对方施加道德压力

做人应该有软硬两手，如果实在来硬的不成了，还可以向对方示弱，向对方显示自己的可怜境况，如果对方继续威逼，那么对方就会陷入道德困境。这叫作以柔克刚。

比如有些机灵的女同志就特会玩弄这种两面派手法。一旦跟老公发生纠纷了，如果男同志比较温柔，必定张牙舞爪，说得丈夫哑口无言；甚至抡起花拳绣腿，用暴力挑战男权的统治地位。

万一碰上这天老公不顺气，被唠叨得不耐烦，大发脾气，她态度立刻来个180度的大转弯，转变成哭天抹泪、寻死觅活，一边哭还得一边痛诉革命家史，将过去怎么怎么不容易一类的陈芝麻烂谷子翻出来，哭得丈夫越来越觉得自己连陈世美都不如。最后不等和事佬来劝，已经先抢上前去承认错误了。

这种示弱的技巧不仅在夫妻关系中有效，在普通的社交关系中照样好用。其关键就在于在对方提出或坚持自己的立场时，伪装成某种情况下的受害者、弱者，从而从情感上、道德上增加自己压制对方的砝码。

比如我去老总的办公室申请涨工资，老总听了没正面答复我，却开始不停地唉声叹气，有气无力地跟我说，他自己已经有两年没加薪水了，并开始跟我抱怨经济的不景气、公司经营的困难、效益的下降。老总都这么可怜了，我还好意思继续坚持自己的要求吗？再逼人家就太不够意思了！结果本来理直气壮的我，最后红着脸从老总的办公室灰溜溜地走了出来。

有个政府部门的负责人在别人找自己办事时，会视情况假装失手摔破烟灰缸或者水杯，以显示自己已经陷入精神高度紧张的状态，委实做不了决定。

其他方面的人情事故

在竞争和冲突中
百战百胜

一家公司的老板，体壮如牛，却老是冒充神经衰弱、有偏头疼，一旦遇到他想回避的问题或者有人为难自己的情况出现，他就问身边的人或对方要止痛片，结果人家看他身体不好，本来想认真的事情，也没法认真处理了。

以其人之道还治其人之身，如果我们遇上这种人，对付他们没有别的招儿，就是要比他们装得更可怜。

>>> 拖延战术，比谁更有耐心

下面我们说说如何对付这些死活不肯买账的人。这个时候，我们可以暂时搁置争议，推迟问题的解决，也就是使用拖延战术。拖延战术里，较量的是双方的耐心，我们可以使用，对方也可以利用，谁能坚持到最后，谁就有可能笑到最后。

一般而言，拖延战术按其目的来说可分为四种类型。

◇第一种类型：暗中较劲的拖延战术。

在拖延的过程中，我们不能傻等着人家回心转意，向我们让步。私下里要主动出击，从各个方面收集信息、调动资源，渐渐完成对对手的合围。一旦我们已经取得了对对方的绝对优势，就可以突然摊牌，打对方个措手不及。这个时候，对方想再说三道四也肯定不行了。

◇第二种类型：消磨对方意志的拖延战术。

人的意志是有一定极限的，在受到短期较小压力的情况下，可以恢复原状。如果在较大的压力长期作用下，变形就会固定下来，无法恢复。拖延战术的关键就在于，在对方拒绝与我们合作的时候，用时间来消磨对方的抵抗意志，以至于他最后不战而降。这一策略在具体的人事来往中，也有人把它叫做"缓兵之计"。

假如我是一个部门主管，下面有一个员工提出了不合理的调动要求。我要是直接拒绝，就自己担了得罪人的风险。这种情况下，我就会采用拖延战术。不拒绝对方的要求，对方第一次来，让他回去写报告；第二次来，告诉他正在向领导汇报；第三次来找我，我再说，能拍板的领导还没回来拍板；第四次再来，我就告诉他说，暂时没有岗位空缺，等过两个月再看看情况；第五次，还有第五次吗？一个人经历了这么多次的推搪，也该明白是怎么一回事了，而且最主要的是因遭遇过多的拒绝，意志多半已经崩溃，无法继续坚持最初的要求了。

◇第三种类型：等待时机的拖延战术。

这一战术是指在无法达成一致，或只能达成对自己不利的协议时，设法拖延最终决定的时间，等待外部环境的变化，然后在情况对自己有利的时候，逼迫对方向自己让步。

2009年某铝业公司收购某铁矿股份失败，铁矿股份一方用的就是这一策略。在经济危机公司财务紧张的情况下，铁矿股份同意了铝业公司的收购要求，但却以政府反对、股东意见不统一等种种借口拖延最终缔约的时间。而铝业公司竟然信以为真。

铁矿股份被铝业公司收购的消息一传出去，结果铁矿股份在交易所的股价立刻飙升起来，财务问题迎刃而解。最终，铁矿股份拒绝了铝业公司的收购。

◇第四种类型：拉关系的拖延战术。

双方相持不下，各为其主，必定火药味很浓。如果此时暂时搁置争议，搞点有利于密切双方感情的活动，比如一起吃个饭、唱个歌、送对方点礼物或者出去逛逛玩玩，说不定可以缓和对方的态度，赢得对方的好感和信任。场外关系拉好了，在处理、解决双方的争议时，对方自然就不好意思再过分为难你。

5. 致命一击使少数派变多数派

历史上，依靠思想改变世界的例子比比皆是。那些杰出的思想者，就算自身的想法与世俗传统相违背，仍旧毫不屈服。他们不甘于一般庸众的陈词滥调，勇于向传统挑战，最终开辟出一片前所未有的新天地，为人类的进步铺平了道路。信仰真理、追求卓越的人，决不应该被迂腐的乡愿哲学所羁縻，唯有毅然奋起，反对一切不合时宜的旧规的勇者，才能缔造一个更有良知的新社会。

虽然如此，但在大是大非面前，人的确就应该有自己的原则和立场。可是，如果是和同事一起出去吃饭，几人想吃韩国烧烤，另几个人想吃四川麻辣火锅，这事谁都没错，又该怎么解决呢？生活中的大多数事情往往没有是非、善恶、曲直的分别，而只有立场、角度不同的技术性争议。

我们平常经常需要应付这种鸡毛蒜皮性质的具体问题，其实这些问题都有相应的技巧可以使用。比如你想让办公室里的人都听你的差遣，你想去看电影却没人愿意跟你去……在这些时候，这套技巧可是非常有用的。

实际上，不管我们是否是少数派，是否还有其他盟友，都可以利用这套技巧，使自己的影响力迅速提升起来。这套技巧具体来说包括六个方面，用得好了，不仅可以坚持住自己的立场，甚至还可以瓦解对方中的一些人的看法，把他们拉到我们的阵营来。接下来让我们一一说明。

>>> 态度一定要坚决，对自己有信心，别人才会对你有信心

一群喜欢旅游的人在神农架徒步旅行，因贪恋山林深处的风光，不幸

迷路。这时手机又没有信号，到处都是树林，分不清东南西北，而且碰不到可以领路的山民，该如何是好？他们在密林中绕了两天，还是走不出去，随身携带的干粮不多了，大家都累得要死，就停下来聚在一起，商量下一步的去向。

龙少提议，尽可能地沿着山势的走向往高处爬。这样，在较高的海拔也许能够望见有人居住的区域，然后就可以往那个方向前进了。虽然大家平时是平等的，但实际上在这些天的一起活动中，自然地形成了以做事颇有主见的龙少为首的"中央"。龙少的这个提议一提出，迅速得到了大多数人的认可。

大家正在欢呼雀跃，为有了明确的行动方案高兴时，角落里一直不声响的小迷糊推推高度近视眼镜说了话："我、我能说几句吗？"

"你说你说，现在都什么时候了，你还客气！"另一个朋友着急地说。

"我觉得，龙少的这个想法当然很好。"小迷糊笑笑说。"不过可能有点问题。"

"有问题？"龙少一听来了精神。"你说，有什么问题？"

原来小迷糊认为神农架原始森林绵延数千里，而且这里到处是横断山脉，没有绝对海拔特别高的山峰，就算有，爬上去能看见居民区，也必定是很远很远地方的，未必能救得了急。小迷糊建议大家可以沿着溪流往下走，水源附近多半有居民，就算找不到居民，溪水最后汇入大河，河边必定有居民。不过，小迷糊又担心水源附近会有狗熊出没，对大家可能造成危险。

众人听了，不由得面面相觑，没了主意。沉吟了一会儿，龙少问小迷糊说："你这么说，有十分的把握吗？"

"那倒没有，"小迷糊摇了摇头说。"我就是自己瞎想的。"

"瞎想啊。"龙少不由得释然。"那还是按我的办法办吧。"

一行人于是收拾东西，往海拔高的地方攀爬。结果又浪费了两天也还是迷路。大伙这时候想起来小迷糊的主意了，不过一没粮食、二没力气，

其他方面的人情事故

<small>在竞争和冲突中</small>
百战百胜

可怎么坚持啊。

好在不久遇见了一个测绘队,这才顺利脱险。测绘队员们跟众人谈起解决迷路的办法,竟然跟小迷糊的说法如出一辙。

意见正确的小迷糊,为什么就不能获得大家的信任呢?其中一个重要原因,就是连他自己都怀疑自己的看法是正确的,态度不够坚决。

从这个故事看出,如果我们恰好是一个少数派,而又不想放弃自己的"真理",在反抗大多数人的意见时,我们就必须态度坚决,绝对不能三心二意,自己都不相信自己。

研究表明,在试图说服他人的过程中,如果我们有某种程度的动摇或者表现出要投降的迹象,我们的影响力就要大打折扣。我们想说服的人,最终决定是否坚持其立场,也总是反复评估所接收到的信息的结果。千万不要跟对方说什么"嗯,我也不知道"、"我只是觉得这种方式更好点"之类没骨气、没主见的话。

〉〉〉立场要有一定的灵活性,给自己留条变通的后路

研究表明,要想坚持住自己的意见,你还必须要防止出现固执武断的倾向。那些对新情况视而不见、对发生了改变的环境闭目塞听、只知道固守老立场的少数派,永远赶不上那些灵活的个人。这个跟第一条并不矛盾。

你应该坚持自己的意见、毫不妥协,可是也不能对着新证据、新情况硬装没看见,而应该拿出一点时间重新评估、衡量得失利弊。最可悲的事情莫过于未加研究就盲目判断。

有些人习惯于鸵鸟战术,遇到新问题不是直接面对,只会说"不行,不行,就是不行,你说什么都没用!我不想听!我的意见已经很明确了,没有讨价还价的余地。"类似这种盲目坚持,不会对解决问题有任何好处。开明的人,也有利于争取更多的支持者。

>>> 一对一地与对方争论，让对方的人数优势发挥不出来

很多研究者坚信，人在有盟友支持的时候，会更坚定地坚持自己的立场和观点。那意味着，如果甲知道乙也反对我们提出的意见，会越发坚定地继续跟我们作对。可如果甲意识到自己是一个人反对我们，他改变立场的可能性就会增大。当他发现除了自己以外所有人都支持我们的时候，让他转变立场同意我们的观点的可能性就会更大。

所以，在和多数人进行对抗时，尽可能地不要让他们有机会为自己的人数众多而得意。跟他们谈判或者游说对方时，尽可能一对一地进行，让他们人多也使不上力气。

>>> 努力讨人喜欢，赢得人们的理解和支持

当我们和大多数人意见不一致时，人们常常会觉得我们很不随和，有点不喜欢我们。其后果之一，就是人们更不愿意倾听我们提出的意见。讨人喜欢的人比起被人讨厌的人，在影响力方面不知道要强多少倍。

解决这个麻烦的技巧是，把我们的意见解释成是出于公心、为了大家的福祉考虑的，而不仅是为了自己好。我们还可以运用本书开头所提到的技巧，尽可能地让大家喜欢上我们。

>>> 不断提供新信息，给对方改变立场的理由

在我们劝说他人重新评估自己的看法时，记得提供一些新信息打破旧有的平衡，这样人家才有可能根据新情况作出新判断。比起硬要人家改主意，这么做也相对容易一些。我们可以使用这样的开场白过渡一下："我明白你的立场，不过现在环境不一样了，又有新情况出现。考虑到这种新情况的出现，我觉得我们得重新研究一下以前的看法。"

其他方面的人情事故

在竞争和冲突中
百战百胜

>>> 寻求外部支持，扩大自己一方的统一战线

要是我们把上面的种种招术都使完了，还没有出现预期的"敌军大批叛逃到我方阵营"的情况，可怎么办呢？即使出现这种情况，我们也不能轻易绝望，因为这时除了可以动用社会关系去争取双方以外，还可以得到跟我们观点一样的亲朋好友的支持。如果成功的话，就会使得我们的对立阵营倾向于重新评估自己的观点。

如果我们找不到任何亲朋好友肯站在自己一面，还可以去寻求一些跟我们气味相投的专家或其他什么人的意见。这些人因为跟你非亲非故，只要是肯赞成我们，他们的观点反而更有说服力。

假设，某高校的大四学生忽然收到通知，毕业前学校要组织一次严格的专业能力考试，可想而知，反对的呼声一定一浪高过一浪。但如果仅仅是限于讨论考试政策的改革，然后在十年后实行，学生们的意见就会有巨大的分化，各自从不同的角度相对客观地评估这一改革。因为考试轮不到他们，他们是置身事外的。

同样地，那些跟争议风马牛不相及的人，超脱了个人利害，反而更能客观地从专业的角度、可行性的角度，对我们的正确意见给予支持。